JN065438

特別支援が必要な子どもの「就労」「進学」「進路」相談室

山内康彦

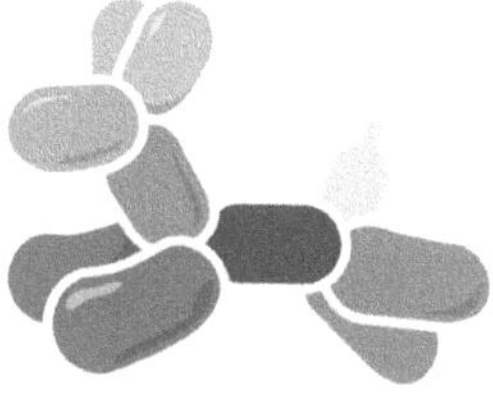

特別支援教育が専門の学校心理士が
保護者のお悩みを
スッキリ解消

WAVE出版

はじめに

私が岐阜大学教育学部で特別支援教育（当時は「養護教育」）を学んでいた頃は、特別支援学級（当時は「養護学級」）というと、学校の一番端っこで、ひっそりと数名で授業を行なっているのが現状でした。

同じ教員を目指す同級生からも「どうして養護学校の先生の教員免許なんて取るの？」と言われたものです。

岐阜県の教職員として採用されてからも、その扱いは決してよいとは言えず、避難訓練で特別支援学級の点呼が忘れられたり、全校配布の手紙が教室に届かなかったりすることも時々ありました。

それがどうでしょう。

現在では、ほぼすべての学校に特別支援学級が配置され、その学級数は年々増えています。特別支援学級は「知的障害特別支援学級（以下、知的支援学級）」と「自閉症・情緒障害特別支援学級（以下、自閉・情緒支援学級）」等に分けられ、より児童生徒の特性に合った支援が受けられるようになりました。

また「通級指導教室」が設置され、通常の学級に在籍しながら支援が受けられるようにもなりました。学校内の教職員配置においても特別支援教育担当の主任として「特別支援教育コーディネーター」の指名が義務化され、特別支援が必要な子どもたちに対しては、意図的・計画的に継続的な支援が行なえるよう「個別の支援計画」が作成されるようになりました。

文部科学省は「通常の学級に在籍する八・八％の小中学校の児童生徒が特別な教育的支援を必要とする」と公表しています（令和四年一二月一三日）。今では「特別支援教育」は〝特別〟なものではなく、どの学校においても、どのクラスにおいても必要で非常に重要なものになってきているのです。

私は、特別支援教育の専門家として毎年全国で一〇〇回を超える講演会や研修会の講師をしています。すると、その後、私の元に個別相談の依頼が多く入ってきます。その数、年間五〇〇ケース以上。トータルすると今まで、延べ一万件を超える教育相談を行なってきたことになります。

しかし、よくよく振り返ってみると、同様な相談内容が多くあります。

私、個人が対応する時間に限りがある中、保護者の皆さんからよくある相談内容について一冊の本にまとめてはどうかと思うようになりました。

本書が全国の悩める皆さん、読者の一助になれば幸いです。

第4章 進路について

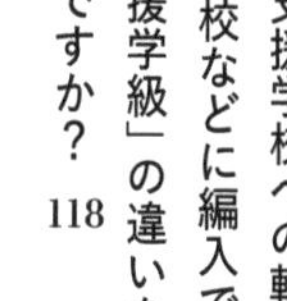

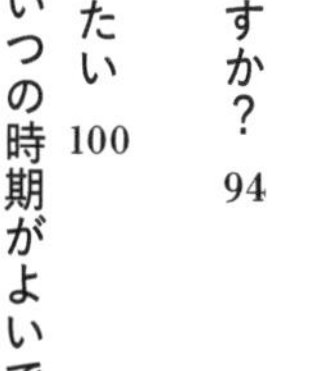

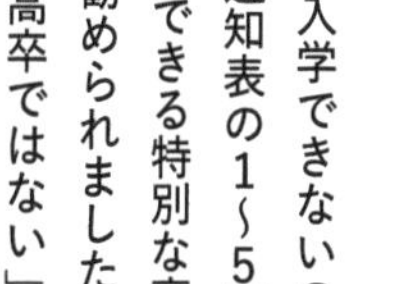

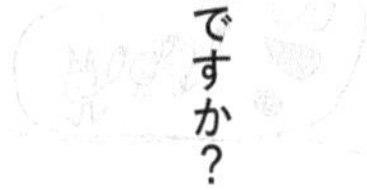

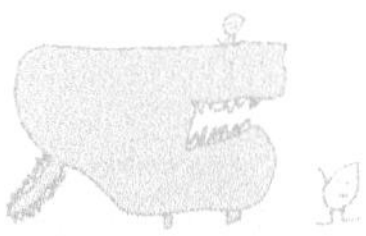

序章

「活動あって学びなし」の療育では意味がない

私の教員時代、すでに児童福祉法に定められた「療育」、すなわち障害のある子どもが自立した生活を送れるようにするための公的な施設がありました。

たとえば放課後等デイサービスや日中一時支援などです。

しかし、私は療育を受けている子どもに聞いてびっくりしました。

「昨日、何をやってきたの?」

「ドラえもんのビデオを観て、お菓子を食べて帰った」

「へー、じゃあ、前の日は何をやったの?」

「アンパンマンのビデオを観て、お菓子を食べて帰った」

「へー、その前の日は?」

「マリオのゲームをやって、お菓子を食べて帰った」と言うのです。

いや、ちょっと待って、「それ、一体何をやっているの?」と思いますよね。

だって、「ビデオを観ておやつを食べて帰る?」「ゲームをやっておやつを食べて帰る?」、それって療育ですか?

これは一〇年ぐらい前の話ですが、私が療育にかかわった頃は「療育」と名前だけ掲げながら、実際はただ遊んでおやつを食べて帰るだけ、単に居場所だけの療育施設というものがたくさんあったんですね。

当時、私は教員でしたから、「本当にこんなことでよいのだろうか」と療育のあり方、姿勢に大変疑問を抱いていました。

その後、教員を辞めてから〝本物の療育をやっていきたい〟と思った時、やはり、親も子どももそうした〝名ばかりの療育〟なんて求めていないいんじゃないかと思ったんです。

「この施設に通ったら力がついた」「ここに通ったらできることが増えた」

そうした療育の場所を創っていかなければならないのではないか。将来、自立して生きていけるように、少しでも子どもたちに力をつけてもらいたい。

そのためにも、自ら会社を経営したり、社団法人を立ち上げたり、講演会をやりながら、真の療育を広めていけたらと思っています。この本は、そうした保護者の皆さんや子どもたちに、少しでもお役に立ててもらえたら嬉しいと思って執筆いたしました。

遺伝より環境が重要

人も生物も遺伝による影響は少なくありません。しかし、子どもの教育、さらに言えば「生物が生きていく」ことに関しては、種より環境のほうが重要だということを次にご紹介しましょう。

写真を見てください。

このひまわり、すごく大きいでしょう？　このひまわりは、ホームセンターで買った〝ロシアひまわり〟というごく一般的な種類です。私が学校の先生をしている時、よくひまわりを育てました。

ところが、写真2を見てください。

実はこれもひまわりなんです。

ちっちゃいでしょう？

写真1　大きく育ったひまわり

でも、びっくりしないでくださいよ。

写真1と写真2のひまわりは、同じホームセンターで買った種を同じ時に植えて、同じだけ肥料を与え、水を与えたものなんですね。

同じ条件のはずなのに、どうしてこんなに違うのでしょう？

答えは簡単です。

大きな花を咲かせたひまわりは、小さなポットから畑に植え替えたんです。広い畑に植え替えた写真1のひまわりは、土の中にあるいろいろな養分を吸ってこんなに大きくなりました。

でも、写真2のひまわりは小さなポットに入れたまま。植え替えをしなかったので、小さいままで大きく育たない。

養分を吸い取る根も育ちません。

つまり、環境によるということなのですね。

お子さんが障害をもっているとか、人とうまくかかわれないからと、ついつい家でゲームをさせたり、動画サイトでおとなしくさせたりして外に出さない。そんな子育てをしていませんか？

写真2　小さく育ったひまわり

確かにそのほうが安全ですし、外で友だちとケンカも問題も起こさないかもしれません。

しかし、それでは、こんなちっちゃいひまわりになってしまいますよ。

大きな畑に植え替えたひまわりには、空から雨も降ってきます。

風も吹きます。もしかすると子どもの投げたボールが飛んでくるかもしれません。確かに試練に遭うかもしれませんが、大きな土地には、ひまわりを育む様々な栄養が土の中にある。

だから、私は言いたいのです。

障害をもっている、苦手なことのある子どもほど、いろいろなことを体験する療育、そうした環境が必要なんだということ。

部屋の中に閉じ込めて、ゲームや動画サイトなどで子育てをしてしまうと、後で小さなひまわりになってしまう。

私は人間もひまわりも、同じなんじゃないかと思うんです。

実際の支援の手厚さ（質）が重要

もう一度、写真1を見てください。

写真1の大きなひまわりの横に半分ぐらいの高さのひまわり（写真3）が写っているでしょう？　同じ畑に、同じように植え替えたのですが、なぜこんなに大きさが違うのでしょうか？

実は私、意地悪をしたんです。

大きなひまわりのほうだけに液体肥料をあげたんです。

その結果、肥料をあげたほうのひまわり（写

写真1　大きく育ったひまわり

写真3　隣で小さく育ったひまわり

真1）だけが大きくなって、反対側のひまわり（写真3）に栄養が行き届かない。単に畑に植え替えればよいというものでもないんですね。

子どもたちの教育に置き換えて考えてみると、塾に入れさえすればよいわけではない。大切なのは畑でどんな肥料を与えられたか、塾でどんな教育を受けたか、つまり、環境さえよければよいというものでもないんです。

次に別の例をご紹介しましょう。

私には子どもが二人います。

一人目の息子はいっぱい写真を撮りました。

二人目の娘が生まれて「かわいい、かわいい」と娘の写真を撮っていたら、周りの先生からこう言われました。

「山内さん、二人目の子どもの写真の数は、一人目の半分になるよ」

いや、そんなことはあるものかとばかりに、大好きなかわいい娘の写真をたくさん撮りました。

でも、娘が二〇歳になった時、写真を整理していたら、本当に半分だったんです。一人目の子どもの時は無駄な写真がいっぱいある。失敗したくないから同じような写真を二～三枚撮ってしまうんですね。

二人目になると、要領がわかってくるので「はい、ポーズ」と構図のしっかりした写真が一枚撮れていれば十分になる。

考えようによっては無駄がない、効率的という捉え方もできるかもしれませんが、よく考えると、写真の枚数が半分、つまり、それだけ「手をかけていない」ということになってしまう。ひまわりの栄養が半分になってしまうように。

お母さん方はよく、「同じ兄弟姉妹なのになぜ違うの？」なんておっしゃいますが、同じ家族だから、同じ特別支援学級だからではない。同じ教室だから、同じ内容や中身の教育を受けていると思ったら大間違いです。実際の支援の手厚さ（質）が重要なのです。

療育を開始するなら早期から

先ほどの写真2の小さなひまわり。

かわいそうなことをしてしまいました。

「これはいけない！」と、ヒョロヒョロの写真2のひまわりを大きな畑に植え替えて、その後頑張って肥料をあげました。

でも、大きくなるには限度があった。

写真1　大きく育ったひまわり

写真4　遅れて植え替えたひまわり

写真4を見てください。私の背の高さまでしか大きくなれなかった。つまり、成長するのは時期があるということなんです。

これに対して、写真1を見てください。

購入したひまわりの種の袋には、「本葉が一〜二枚出たら、畑に植え替えてください」と書いてありました。そのタイミングで畑に植え替えると、私の背丈の二倍のひまわりになるんです。ところが、さんざんほったらかして、こんなヒョロヒョロになってから「あっ、しまった」と思って、大きな畑に植え替える。

確かに大きくはなりますよ。

でも、伸びは半分なんです。

つまり、療育についても同じで、後であわててもダメなんです。

「ウチの子は普通です、変なことはありません」といって、小学校までほったらかしになった子が高学年や中学校になって不登校になる。二次障害になってからあわてて療育を始めるのと「ウチの子、ちょっと変わったところがある」と早めに気づいて、保育園や小学校入学前から療育を受けたのとでは、その後の伸びが全然違うのです。

やはり、早期からの療育が大切なのです。

病気でもそうですよね。早めに医療、治療を受けたほうが身体のダメージも小さくて済みますよね。インスリン注射を打つようになってからでは遅い。人工透析を受けてからでは腎臓の機能は元には戻らないのです。

皆さん、お子さんに対して「あれ?」と感じた時には、早く専門家に相談して、早期に適切な療育を受けることをお勧めします。

それがやがて、大きなひまわりのようにすくすくと育っていくことにつながるのではないかと思うからです。

人間もひまわりも同じ生きものです。

ちゃんとした環境の中で、ちゃんとした栄養を与える療育、教育が受けられているか。その中身まで考えなければいけないということを、〝ひまわり〟にたとえながらまずお伝えしました。

第1章

特別支援の現状

1 特別支援が必要な子どもたちは増えているのですか？

皆さんご承知の通り、子どもの出生率はどんどん下がってきています。

驚くべきことに、今、ゼロ歳の子どもたちが中学生になった時には、子どもの数は今の四分の三以下になっていることが明確になっているんです。

コウノトリが新生児を運んでくるわけではありませんから、途中で急に子どもの数が増えることはありませんし、今まで生まれてこなかった子どもが途中では増えることはありません。にもかかわらず、特別支援が必要な子どもの数は増え続けています。

特別支援学校の数は平成一六年から次第に増えはじめ、在学者数も右肩上がりに増えてきています。

文部科学省のデータによると、特別支援学校の幼稚部から高等部までの子どもの数に限っては、この一二年で一八・八％も増えて、令和二年度には一四万四八二三人になっています。

平成五年から約六五％の増加です。

現在、特別支援学校を全国的に増やそうとしていますが、まだまだニーズに追いついていないくらいクラス数が足りない、といわれるほど激増しているのです。びっくりでしょう？

図1 特別支援学校と支援教室の推移

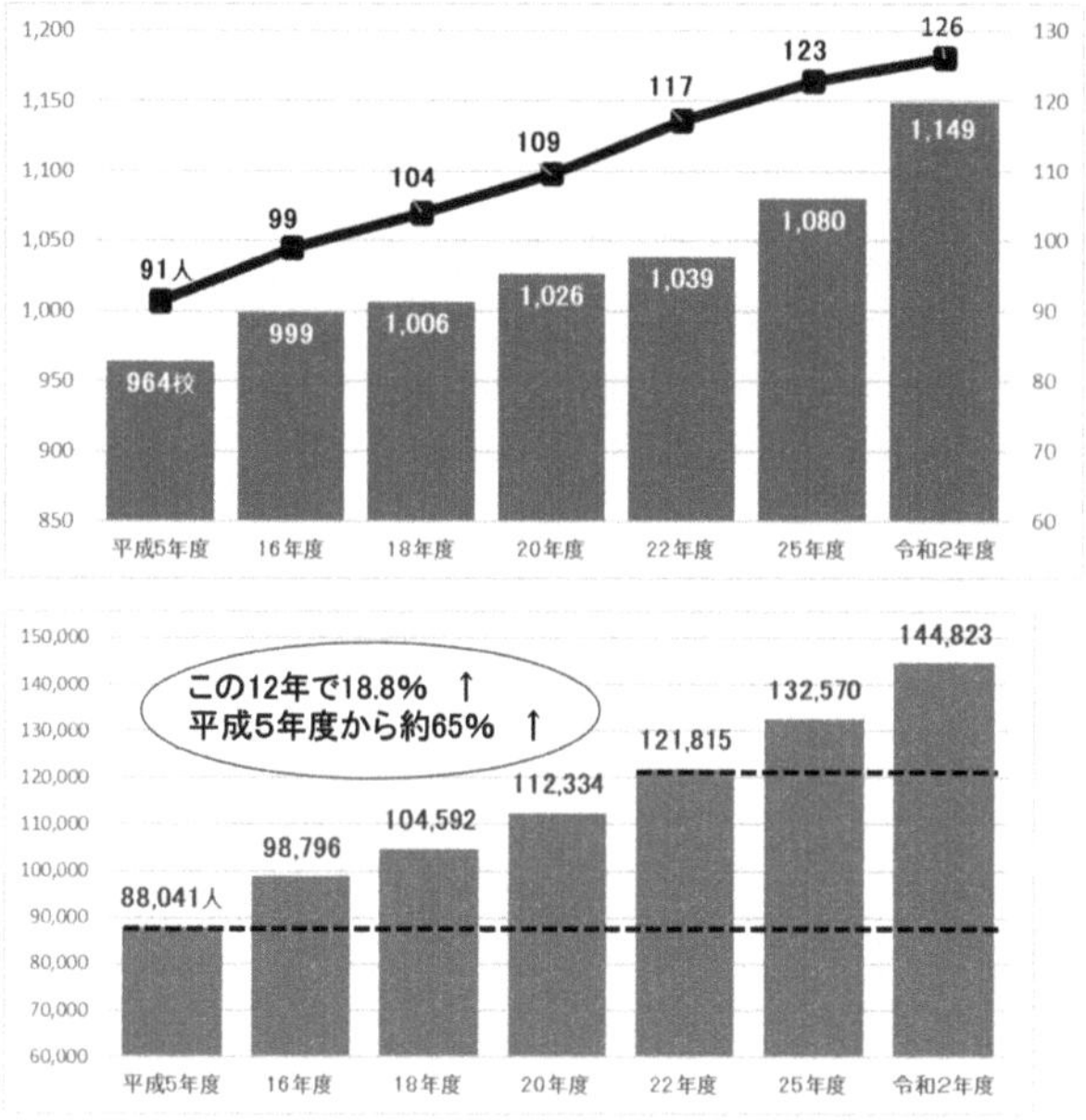

出典：文部科学省「特別支援教育資料（令和2年度）」P15、16をもとに著者作成
https://www.mext.go.jp/a_menu/shotou/tokubetu/material/1406456_00009.htm

● 小学校・中学校の特別支援学級数と児童・生徒数

特別支援学級の数

平成5年度 21,619教室 → 令和2年度 69,478教室

約3．2倍

在籍児童・生徒の人数

平成5年度 69,250人 → 令和2年度 300,540人

約4．3倍

出典：文部科学省「特別支援教育資料（令和2年度）」P43をもとに著者作成
https://www.mext.go.jp/a_menu/shotou/tokubetu/material/1406456_00009.htm

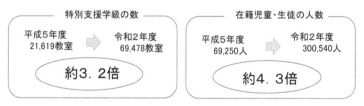

でも、これは特別支援「学校」の話です。

通常の学校の中には、特別支援「学級」がありますよね。

平成五年から令和二年の間に特別支援学級は三・二倍、在籍する児童・生徒は約四・三倍にも増えている。特別支援学級に在籍する子どもの数も激増しているのです。

2 なぜ増えているのですか？

実は単純に数が「増えた」のではありません。

昔から特別支援が必要な子どもたちはたくさんいたのですが、「発達障害」という認知が保護者も先生も低かったのですね。

皆さんが子どもの頃を思い出してみてください。

昔から大声を上げたり、教室を飛び出したり、先生の言うことを聞かなかったりした子どもがたくさんいたと思います。

でも、当時はベビーブームで多くの子どもたちがいたので、子ども一人ひとりに構っていられなかったんですね。一クラスの子どもの数も多かったので、ちょっと落ち着きのない子どもや、やんちゃな子がいても、今のように十分にかかわることができなかったのです。

私の父と母は、昭和一五年生まれの辰年ですが、父は三人姉兄。母は一〇人姉弟です。ところがそんなのはザラだったんですね。今のように一人っ子の家庭は少なく、毎日の食事はもう戦争ですよ。

ですから、そういう凸凹がある子がいてもなかなか認識されず、目が行き届かなかったりした。でも、今は少子化になって、子ども一人ひとりをしっかり見られるようになってきたという教育環境の変化が背景としてあるんですね。

もう一つの理由には、昔は特別支援教育に対して十分理解がなく、「何それ?」というイメージがあって、特別な学校や学級には保護者はできれば行かせたくなかった。

ところが、ご存じのように、特別支援といっても、今では知的、自閉・情緒、肢体不自由など、いろいろな選択枠ができてきたんですね。

「通常の学級に行けない子」というイメージではなく、その子一人ひとりに合った教室として認知され、積極的に選択されるようになった。

「良い教育環境だったら入れたい」と考える保護者が増えてきたんです。

これが一番大きな増加の理由と考えています。

それと併せて、私はこれまでの経験から「もう一つの理由」があると考えています。

それは何かというと、子どもが選択できることが増えたこと。子どもが楽なほうへ、楽なほうへと逃げてしまっているという現実です。

本書を読んでくださっている保護者や先生の時代は恐らく違うと思いますが、おじいちゃん、おばあちゃんの時代は、椅子に座っていられなかったり、宿題を忘れたり、授業中に騒いだり、奇声を発したりしたらどうなったと思いますか？　先生から殴られたり、棒で叩かれたりしたんですね。体罰です。

私は、もちろん体罰は認めません。しかし、強い力で強制的に行動を抑えることができた。しかし、今の子どもたちどうですか？

もし椅子に座っていられなくて机の上に寝転がっていると、「○○くん、座ろうね」と優しく声かけするのが一般的です。今では叩く、強制的に何かをさせるという強い教育や指導ができなくなってきたのです。

さらに昔は、不登校とか登校拒否などもほとんどありませんでした。

先生が怖いということもありますが、学校に行かずに家にいても他にやることはない、もし家にいたとしてもテレビは白黒、日中は大人の番組ばかりで子ども向けの番組はほとんどない。

けれど、今はどうですか？

テレビは面白い。朝からお笑いタレントが出て番組をやっている。動画サイトでアニメもある、ゲームもたくさんある。学校へ行かずに家にいれば、楽しいことがいっぱいあるんです。学校なんて行く気持ちにならない。それで、学校に行けなくなる子どもたちが増えているという理由もあるんです。

そして、医師やカウンセラー、保護者の指導も変わってきたと思います。

少し昔なら、「何やってんの！　学校行きなさい！」と当たり前のように叱っていたのが、今ではお医者さんもお母さんも「無理しなくていいよ」「エネルギーが蓄えられるまで待ちましょう」と言います。それで家では動画サイトにゲームでしょう？

学校へ行こうとする気持ちは、ますます減少する。

こうして子どもの逃げ道がたくさんできてしまった。

多少ハメを外して騒いだり、暴れたりしてもそれほど叱られない。

このところの急速な子どもを取り巻く甘い環境の増加も、支援が必要な凸凹のある子どもたちが増える一因ではないかと私は分析しています。

Q3 障害を保護者が認めようとしないケースが多いのは本当ですか？

前述したように、文部科学省が、通常の学級の中にも八・八％程度、特別支援が必要な子がいるということを公表しています。

私もG県K市内に在籍する小中学校の児童生徒七六四二人を調査したことがあります（図2）。

すると、病院に通って診断名をもらっている子が一％、担任だけでは指導が難しい特別な支援

図2　特別支援が必要な児童生徒の割合（%）

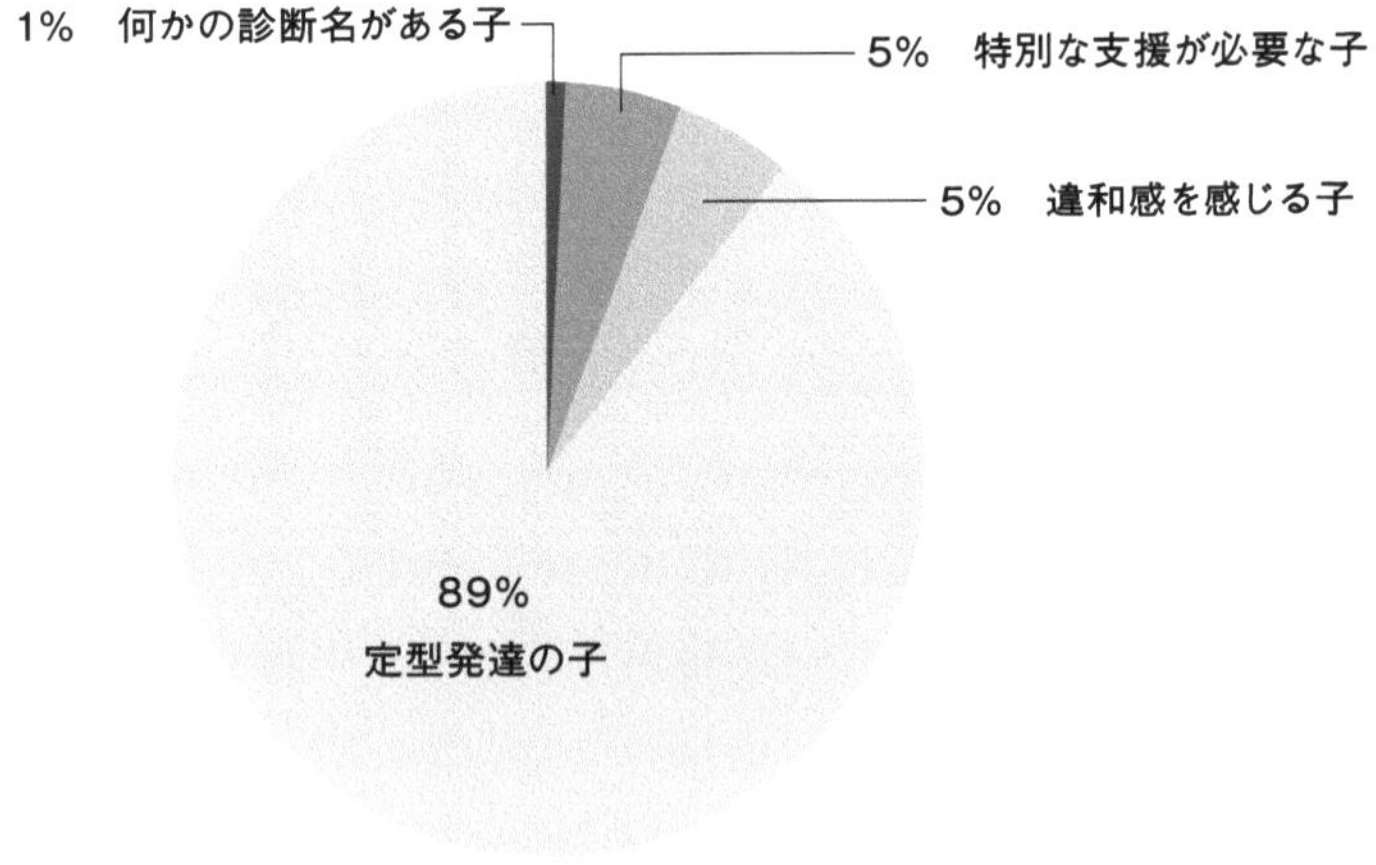

が必要な子どもが五%。やはり、私の地元の市内でも文部科学省の調査と同様に多くの特別な支援を必要とする子がいることがわかりました。

ここで私が問題だと感じているのは、病院に通っている子が一%しかいないということです。残りの五%の子は親が「ウチの子は違います」「ウチの子は普通です」と障害を認められず、適切な医療や支援が受けられないまま、放置されている子たちが多くいるということです。

この子たちは将来的に不登校や非行など、二次障害につながっていく。

序章でも触れましたが、早期から適切な療育を受けることがどれだけ大切かということです。

また、他人には迷惑をかけないけれど、何か違和感のある子が隠れています。支援の必要はないけれど「ちょっと変わった子」「ちょっと心配な子」が加えて別に五%います。実は、海外の論文を見ると、特別支援が必要な子は全体の一〇％程度存在しているという研究結果が多くあります。日本より多いのです。

つまり、違和感のある子、ちょっと変わった子を早めに把握して支援を行なっていくのが海外の療育の特徴なんです。

日本の場合は、担任だけでは手に負えなくて、他人に迷惑をかけるようになって初めて特別支援の対象となる。そのため、支援の必要性が顕在化した子が八・八％なんです。これが日本の特別支援が海外より遅れている原因であると考えています。

違和感のある子を含め、親たちが認めていない特別支援が必要な子は、学年が進むにつれて叱られることが続き、自己肯定感がどんどん低くなっていきます。何しろ、病院へ行って適切な診断を受けている子が一％しかいないのですから。日本は他の先進諸国に比べて子どもの自己肯定感がとても低いと発表されていますが、その原因もこの特別支援の遅れが原因であるのではないかと私は推測しています。

Q4 悩んでいるのは、私だけでしょうか？

学校では、子育てに悩んだら、「ここに相談してください」と子育ての悩み相談室の電話番号

図3 受付相談件数に占める「障害相談」「育成相談」の割合

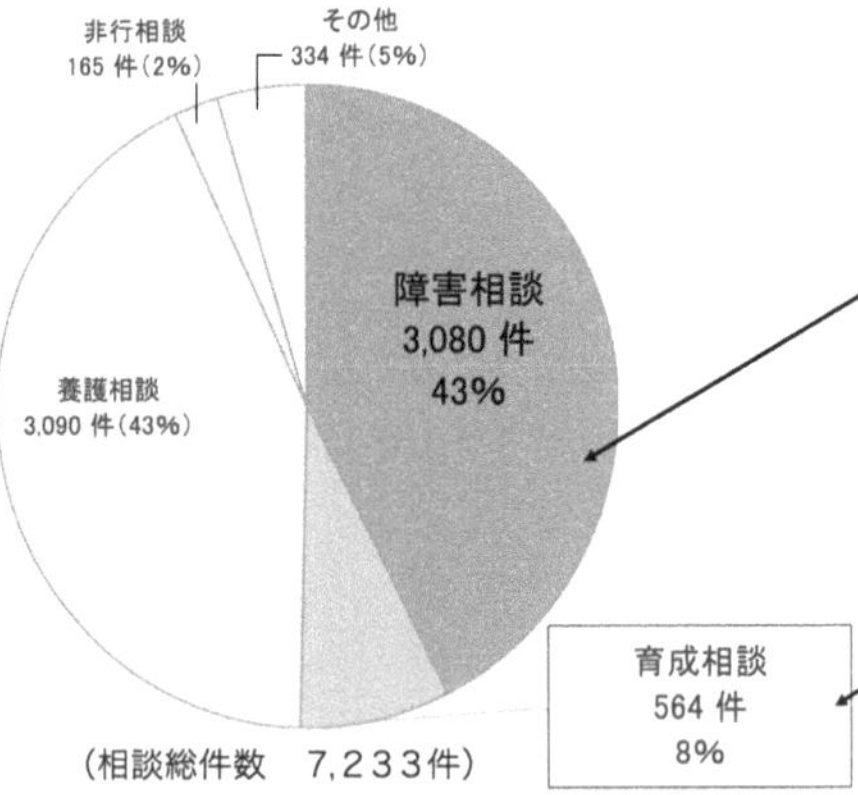

51%が障害関係または要支援の可能性

障害相談の内容	件数	割合
肢体不自由	18	0.6%
視聴覚障害	1	0.0%
言語発達障害等	2	0.1%
重症心身障害	28	0.9%
知的障害	2,968	96.4%
発達障害	63	2.0%
合計	3,080	100.0%

育成相談の内容	件数	割合
性格行動	350	62.1%
不登校	55	9.8%
適性	103	18.3%
育児・しつけ	56	9.9%
合計	564	100.0%

出典：岐阜県子ども相談センター「児童相談　令和３年度版（令和２年度実績）」に基づき著者作成

が書かれたカードを配っています。

岐阜県では、令和二年度は七二三三回の電話相談があり※、そのうち非行や虐待などの子育ての相談は二分の一です。残る半数は障害にかかわる悩みか、性格行動や不登校など、特別な支援が必要になる可能性のある相談でした。

こうした相談が一年間で三六四四件も寄せられているのです。

「特別支援にかかわる保護者の教育相談が多い」。これが現実となっている結果です。

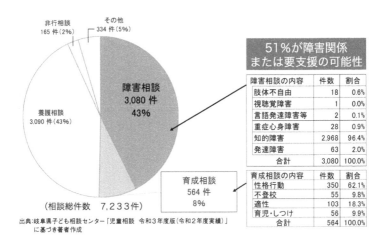

保護者の皆さんが子育てに悩む場合、「親の育て方が悪い」と考えている場合があるようですが、そうではなく実は、子ども自身が特性をもっていることが多いのです。

皆さんも体調が悪いなあと思ったら、病院に行って診察してもらいますよね。何でもなければ安心できる。それと同じで、子どもの発達に凸凹を感じたり、違和感をもったりしたら、まずは早めに専門医に診てもらうことが大切です。そして、心理師等に検査してもらうことをお勧めします。

悩んだらまず専門家。これは医療でも教育でも同じであると私は考えます。

※岐阜県子ども相談センター「児童相談　令和三年度版（令和二年度実績）」

Q5 どんなところに相談に行くとよいのですか？

調理師といってもフランス料理、中華料理、日本料理と専門が違いますよね。美味しいお寿司を食べたくて中華料理店には行かないし、日本そばを食べにイタリア料理店には行きませんよね。医者も一緒です。内科、産婦人科、外科など多くの科のうち、どこへ行くのがよいかというと、小児科です。

まずは「小児科」なのですが、小児科も専門分野があります。

私が一番お勧めしたいのは、小児科の中の「小児発達外来」です。

この小児発達外来が子どもを最初に診てもらうのに一番よい、最適な専門科と私は考えています。どうしても、小児発達外来が見つからなければ小児精神科もよいと思います。

しかし、この専門科を受診することには大きな課題があるんです。

それは、この分野の専門医がとても少ないことです。

そのため、予約してから診察まで二～三カ月待ちは当たり前で、半年待ちということもあります。さらには、ようやく初診にこぎつけても、そこから発達検査まで数カ月待たされるということもあります。その結果を待つのにさらに数カ月必要になります。まさに一年がかりです。その間に子どもの状態がどんどん悪化してしまうケースも少なくありません。

著者が行なっている無料個別相談

ですから、とにかく早めに予約をして受診していただくことが大切です。
ところで皆さん、小児科は何歳までが対象になるかご存じでしょうか。
中には、中学生になってから二次障害を起こし、不登校になってから小児科へ行く方がいますが、小児科医に診療を拒否されてしまうケースがあります。
なぜかと言いますと、中学一年生、二年生で診察を希望されたとしても、すぐに高校生になってしまいます。すると「小児」ではなくなってしまうんですね。

中学三年生が一つの境目で、一五歳になると小児科の対象年齢ではなくなることが一般的です。それで、どうなるかというと、大人と同じ精神科へ行ってほしいと言われます。こうなると親のハードルが上がってしまうんです。小児科であれば、診てもらうことに対し、あまり抵抗はありませんが、「精神科へ行ってください」となると、子ども本人も「精神病なんかじゃない」と嫌がります。

こうしたことからも、小学校の低学年ぐらいのうちに小児発達外来を受診して、継続的に専門医のアドバイスを受けることが非常に大切だということです。

まずは、専門医をインターネットなどで探してみてください。

また、子どもの年齢が小さい場合は地域の療育センターや保健所、児童相談所に相談することも良い方法だと思います。

Q6 ニーズがあるのになぜ特別支援学校は増えないのですか？

それは特別支援学校と子どもたちにかかるお金、公費の問題があるからです。

皆さんは、子どもが幼稚園、小学校、中学校、高校に通うと一年でどのくらいの税金がかかると思いますか？

公立学校の管理や運営には、教職員の人件費を中心に、コピー用紙や画用紙、授業に使う消耗品費、水道光熱費など多額の費用がかかります。

これを子ども一人当たりで計算すると、年間に約一〇〇万円の税金がかかることになるんです。

つまり、小学校から高校を卒業するまでの一二年間で約一二〇〇万円。

幼稚園から高校卒業までの一五年間で計算するなら、一人当たり約一五〇〇万円が教育予算として必要になるわけです。

だから、約一五〇〇万円×児童・生徒の人数分を地方自治体の予算で確保する必要が出てくるわけです。

これに対して、次は特別支援学校についてみてみましょう。

通常の公立学校では一人年間約一〇〇万円のところ、対する特別支援学校の場合はいくらかかると思いますか?

何と子ども一人当たり年間で七二八万円ぐらいかかるのです（文部科学省「特別支援教育資料（令和二年度）」より）。

特別支援学校を建てるだけならできるんです。

問題は、特別支援学校へ通う子どもたちが増え続けている状況下で、恒久的に莫大な教育予算がかかり続けるということが問題なんですね。

ちなみに、各都道府県の予算で一番金額が高いのは「教育費」です（全体の約二〇％）。

建設費土木費や総務にかかる予算より「教育費」のほうが圧倒的に多い。そしてその教育費予算の約九割が教員の人件費なんです。

特別支援学校を造ったとしたら、一クラスに二人の担任の先生が必要になる。人口減少に連れて税収が伸び悩む中、予算がパンクしてしまうということになるんです。本当はもっと特別支援学校を造りたいけれど、その後にかかる教員の給与予算が確保できないという行政の限界もあるのです。

そのような中、どの都道府県も頑張って特別支援学校を増設しているのですが、まだまだ特別支援ニーズの増加率には追い付いていないのです。

結果として、本来なら特別支援学校で療育を受けるべき比較的障害の重い子が通常の学校の特別支援学級に行くことになり、特別支援学級の負担も重くなっている。そうした事情もあるのです。

このように、特別支援学校を簡単に増やせないのには理由があるんです。

ただし、各都道府県によって特別支援学校を増やすスピードや方針には大きな違いがあります。特別支援学校をどんどん増やしているところもあれば、ちょっとずつのところも。

なんと、岐阜県では「子どもかがやきプラン」という県や教育委員会の施策として、五つ、六つと特別支援学校を積極的に増やしている広域地方公共団体もあります（※「岐阜清流高等特別支援学校」のようなレベルの高い特別支援学校も新設しています）。

ですから、都道府県単位で特徴を捉えてください。そもそも特別支援学校は、都道府県立の学校が中心だからです。

つまり、都道府県教育委員会が所管するわけですから、皆さんがどんな知事に投票するのか、どんな県会議員に投票するのかが重要になってくる。子どもたちの将来の教育環境を考えるという時は「投票」という行為は実はきわめて重要になってくるのですね。

7 特別支援学級が最近増えたと思うのですが

確かに通常の学校に設置される特別支援学級が増えてきました。

前述のように、特別支援のニーズが増えてきた、特別支援学級が必要な子どもの数が増えたことは一番の大きな理由ですが、その背景には少子化に伴って、空き教室が増えてきたこともあります。

これは大変言いにくいことなのですが、空き教室が増えて全体の教室数が減ると先生の人数も減らされる。

すると、教員一人当たりの業務負担が増えてしまうんですね。行政や校長先生としては、ある程度の教員数を確保しておかないと学校運営が厳しくなってしまうのです。

使っていない教室がある。それならば、そこに特別支援学級を新設すればいい。そうすれば学校全体の先生の人数を維持できるわけです。特別な支援ニーズのある子どもが増えてきたことと、余ってきた教室と教員の雇用維持がちょうどうまくリンクしたわけですね。

最近では、大学卒業時に特別支援学校の教員免許を持っていない人でも、教員になってから通信制などで特別支援学校の免許が取れるので、「支援学級の先生になったことをきっかけに特別支援学校の免許を取得しませんか」と教育委員会からも積極的に呼び掛けられます。

まとめると、特別支援学級が増えた理由は、単に特別支援が必要な子どもが増えただけという理由だけではなく、少子化によって余る教室と教員、学校運営上の都合という三方面の利害が絡み合っているということなんです。

今後、さらに進む少子化の中で特別支援学級は増えていくでしょう。

今は「知的支援学級」と「自閉・情緒支援学級」ですが、さらに子どもの特性によって分かれたりする時代がくるのかもしれません。

現状、特別支援学級では一年から六年生までみんな一緒の教室ですが、学年によって分ける（低学年と高学年など）ということも、十分に可能性があると考えています。

8 通級指導教室って何ですか？

先ほど、通常の学級にも特別な支援が必要な子どもが八・八％いるとお話ししました。この子たちを全員、特別支援学級に入れるとなると大変なことになってしまいます。

そこで、「通級指導教室」といって、籍は通常の学級に置いたまま、週に一～二時間だけ抜き出しで特別な支援が受けられる教室が現在設けられています。

具体的には、ソーシャル・スキル・トレーニング（椅子に座る、話を最後まで聞く、ゲームに負けても怒らない、いけないことをしたら謝るなど）や場合によっては苦手な漢字や計算、言葉の遅れなど、専門の先生に個別指導してもらえるというものです。

また、子どもの障害を認めたくない保護者が多いと述べましたが、この通級指導教室は通常の学級に子どもの籍を置いたまま、個別指導が受けられるので、そうした保護者にも比較的受け入れやすいのです。

当初、通級指導教室では「ことばの教室」といった内容が多かったのですが、今では都道府県によって差はあるものの、「発達障害」という括りではなく、ＡＤＨＤ、ＬＤ、ＡＳＤなど、より子どもの特性ごとに分けた通級が創られているところも出てきました。通級という仕組みがどんどんと加速しています。

そして、ついに高校の通級も開設されるようになってきました。

知的に遅れのない発達障害の子も多くいることから、公立高校の通級設置を文部科学省が認めて、高校の通級を現在増やそうとしています。

これからは、もしかすると通級指導教室がすべての校種や学校に設置される時代になるかもしれませんね。

Q9 どうして先生が毎年のように替わってしまうのですか？

こちらもなかなか言いにくいのですが、表向きはこう言われています。

「いろいろな先生にかかわったほうが、子どもは社会的にも成長していく」

「社会に出たら、いろいろな人とかかわらなくてはならない。だから、合う先生、合わない先生、男の先生、女の先生、若い先生、高齢の先生など、様々な先生とかかわる中で人間的に成長する」

「中学に行くと、毎時間、違う先生が授業することになるから」等々。

でも、これらは表向きの理由なんです。

だったら、学校はこうすればよい。担任は替わるけれど、せめて担任だった先生は次の一つ上の学年に持ち上がればいいんじゃないですか？

でも、学校はそれすらしようとしません。

その大きな理由の一つは「保護者からの苦情」です。

一クラスに三五人も子どもがいれば、一人くらい担任と合わない親がいるのは仕方がないことなのですが、毎年のように学校や校長先生に「担任を替えてください」と強く言ってくる保護者がいるのです。

そうなると校長先生としても考えざるを得なくなる。

苦情が上がった先生は替えるけれど、苦情のなかった先生は替えないということをしたら、学校運営がめちゃくちゃになってしまいますよね。

苦情のある先生もない先生も、性格もいろいろな先生方がいるのだから、毎年、すべての担任を替えてしまえば個別の異動を考えなくて済むじゃないですか。

これが学校の中で毎年「先生のガラガラポン」が行なわれる理由なんですね。

評判のよい一人の先生だけ、翌年もクラスを持ち上がらせたら「どうしてあのクラスだけ」と保護者の多くは思うでしょう。

私が驚くのは、現在はほとんどの特別支援学校でも毎年先生が替わるということが基本となっていることです。これでは支援の引き継ぎが十分に行なえているか心配になってきます。

Q10 特別支援に理解のある先生が少ないように思います

普通乗用車が運転できる普通免許を持っている方は多いと思います。

しかし、乗合バスやタクシーの運転免許、いわゆる「二種免許」を持っている人はとても少ないですよね。二種免許は普通免許を取ったうえで一定の基準を満たさないと取得することができません

教員免許でも同じです。

国語や算数、体育、図工のような通常の教員免許を取得したうえで、特別支援学校の免許というものがあるんです。しかし、苦労して特別支援の教員免許を取得したからといって給料が上がったり、出世したりするわけではありません。

だから、特別支援学校の免許をわざわざ苦労して取得しても、さほど意味がないと考える先生が多く、特別支援の教員免許を志す人がなかなか少ないんですね。私の場合は、学生時代、夜の講義や休日の集中講義を多く受講しました。特別支援教育にかかわる二〇単位に加えて、最後の夏休みを削って特別支援学校の教育実習にも三週間行きました。簡単には取得できないのです。

私はかつて、G県K地区の先生方の特別支援免許取得率を調べたのですが、全公立小中学校教

員全体の五％、多いところで一〇％ぐらいしか特別支援学級の免許を持っていませんでした。図4のように、K市内の多くの校長が特別支援教育の必要性を感じているにもかかわらず、実際に校内で中心となって働いているコーディネーターの多くも悩んでいるのが実状なのです（図5）。

では、特別支援学級の先生方は特別支援の免許を持っていて当然かといえば、そうではなく五人に一人程度しか免許を持っていませんでした。

では、特別支援学校はどうなのかというと、特別支援学校は一クラスに二人の先生がいます。昔はそのうちどちらか、五〇％が特別支援の免許を持っていました。特別支援についてきちんと知識を持った先生に教わりたければ特別支援学校へ行かなければならなかった。

しかし、これだけ特別支援教育のニーズが高まる中、特別支援学校の先生も、通常の学校の先生でも、勤務をしながら特別支援の免許取得を志し、勉強する人がとても増えてきています。

そして、今や、全国の特別支援学校の現役の先生は約八四％、新規採用の先生では、約八〇％が特別支援免許を持つようになってきています（文部科学省「特別支援教育資料」（令和二年度）より）。

地域によってバラつきはあるものの、通常の学校の先生も、通常勤務の中、研修を受けながら、資格を取ろうという動きがありますので、今後は、特別支援の専門性を持った先生方が通常の学校の中でも増えていくだろうと期待しています。

図4　G県K市内16校小中学校長は特別支援教育の必要性を高く感じている

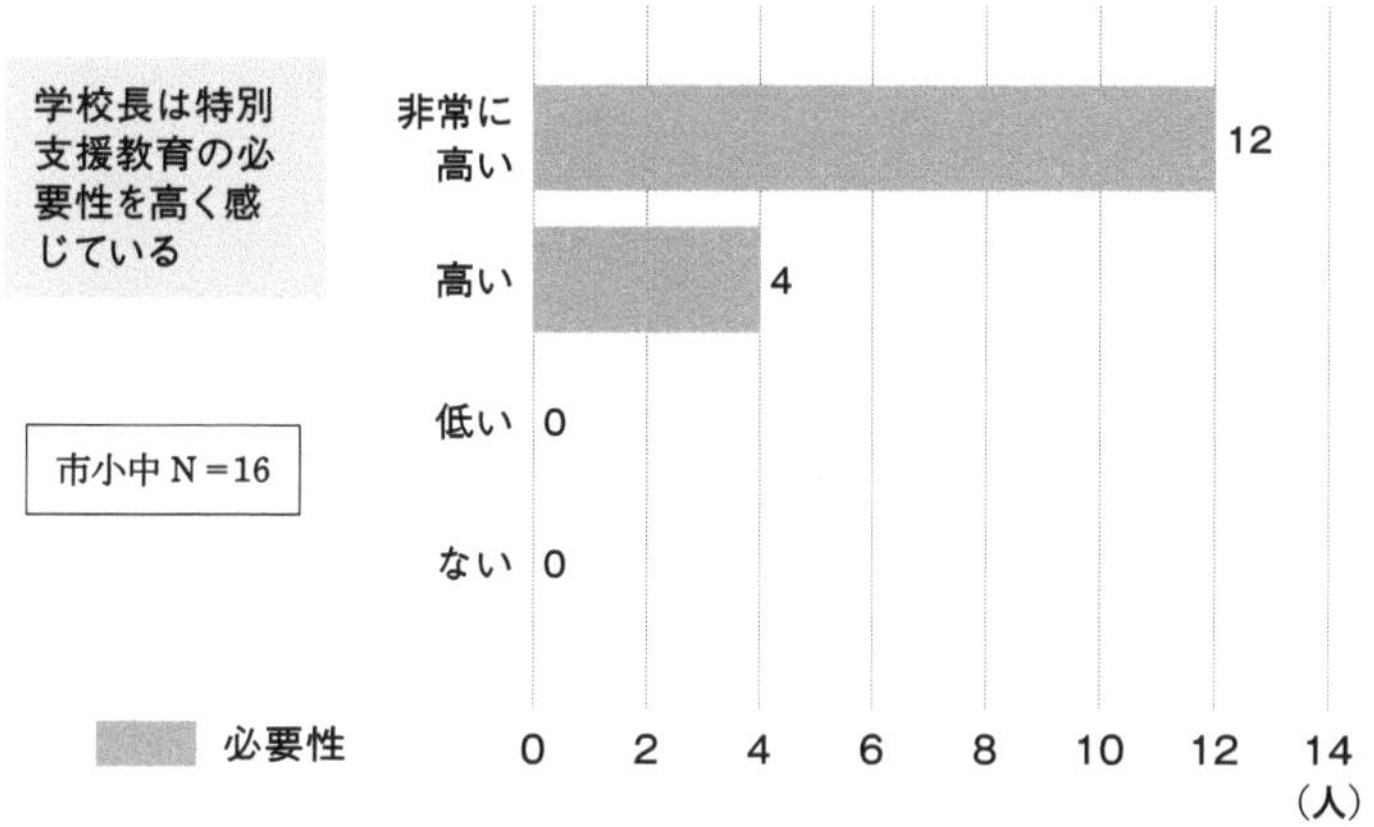

図5　コーディネーターが悩んでいる・困っていること（現場は苦しんでいる）
（K市小中学校回収率100％　N＝16　※複数回答）

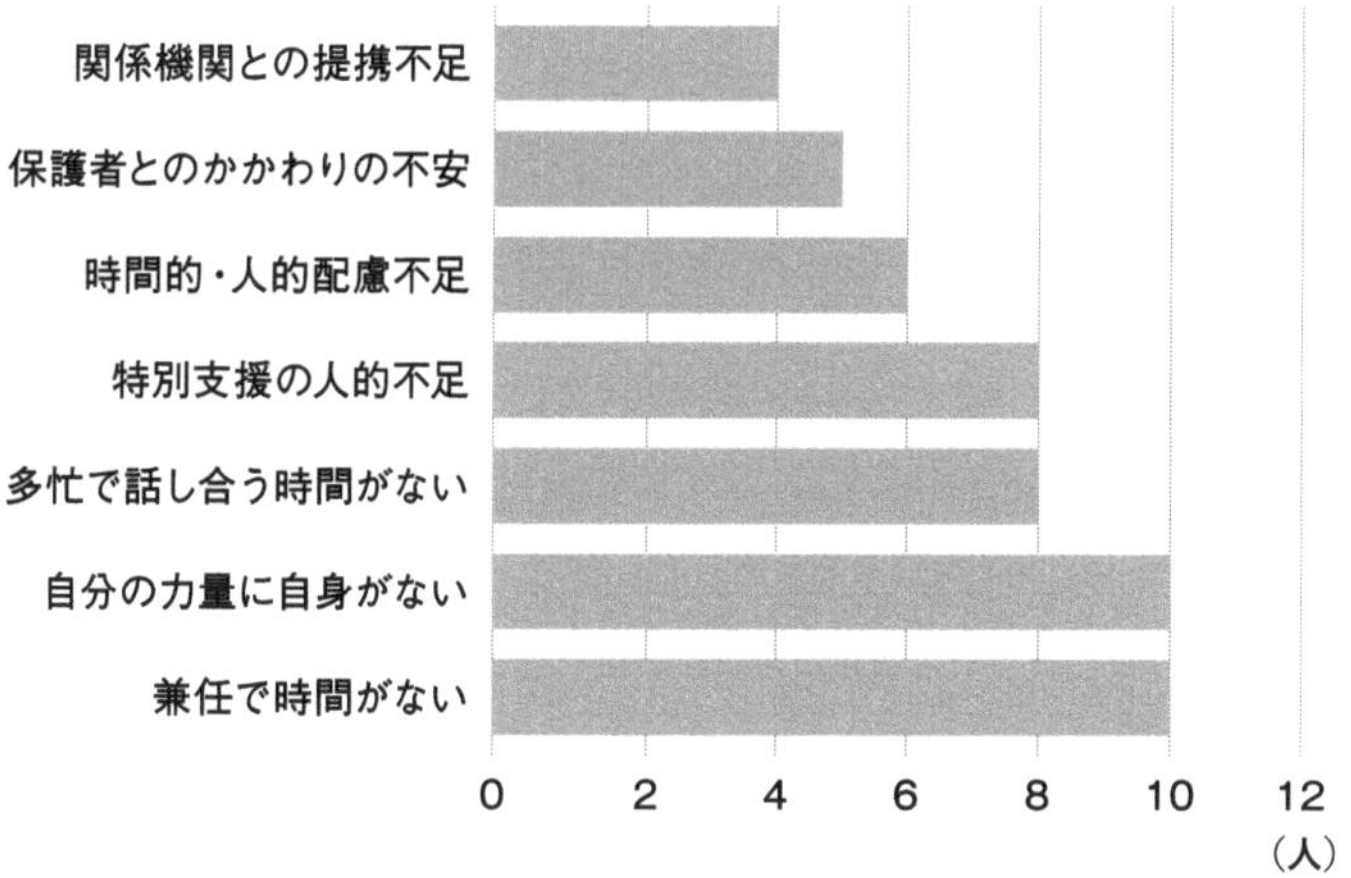

11 特別支援が専門の先生とはどんな先生ですか？

特別支援学校の免許を持った専門教育を学んだ先生になります。

大学で必要な単位、たとえば障害児心理学など、通常の学校の教員免許とは違う、特殊な科目の授業を受ける。さらに、特別支援学校の教育実習が課せられています。

ただし、教員を何年以上経験した人は教育実習をしなくてよいなど、現場経験年数によって特例措置があり、免許が取りやすくなっています。

それから、特別支援学校以外にも次のような資格があります。「特別支援教育士」です。

この資格は何かというと、「(一社) 日本ＬＤ学会」の学会資格で、同じように必要な講習を受けて試験に合格すると発達検査や知能検査ができるようになります。

皆さんも、赤ちゃんを産む時は産科へ行きますよね。皮膚科では産みませんよね。やはり、専門の医者のところへ行きますよね。

特別支援教育が専門の先生のところへ行って指導をしてもらいたくても、まだまだ人数が少ないのが現状です。養成に関して、今後、教育行政や養成機関の大学の頑張りに期待したいものです。

経験は確かに大切です。しかし、私は教師の専門性は最も大切と考えます。

Q12 地域によって特別支援教育の内容が異なるのはなぜですか？

これは、基本的に各都道府県の教育委員会が別々に管轄しているからです。

先生たちも公立学校であれば都道府県の給料で雇われているので、都道府県の財力、知事や教育長の方針によって変わってくるのです。

小泉首相の時代「国の方針に従わせる」という方針から、都道府県の実態に合わせて判断を任せる方針へ、国の考え方が変わってきたということもあるんですね。これは教育分野だけでなく、障害者手帳の発行とか、他の福祉の部門でも同じことが言えます。

都道府県で違いがありますから、その下にある市町村は、さらに差が大きくなって当然です。

多くの教育予算もどんどん下に分配されていきますので。

ちょっと意外かもしれませんが、自衛隊の基地があったり、原子力発電所があったり、とてつもなく大きな民間企業があったりする地域は、病院や道路などに加えて特別支援教育や福祉が優遇される場合がよくあります。

申し訳ないことですが、事実として行政の財力が大きく影響してくるのです。

だから、隣の町に行ったら行政サービスが全く違うということも出てきます。

保護者の皆さんには、引っ越しを安易に考えず、引っ越し先をよく調べてから決めること。場合によっては、単身赴任してもらったほうがよいケースもあることを知っておいてください。

特別支援が必要な子の場合、環境があまりコロコロ変わることはよくないと言われています。そうした意味でも、旦那さんには単身赴任してもらう、場合によっては、ある程度の年齢になったら一番条件の良い地域に定住するなど、子どもの支援の環境を考え、住む地域を考えることは非常に大事になってきます。

ただ、気をつけなければいけないのは、首長（知事や市長など）が変わった瞬間に、行政の方針がガラッと変わる可能性があることです。なぜなら、教育長は基本的には首長が指名し、議会が承認するという手続きになっているからです。

つまり、知事が変われば都道府県の教育長も変わるということ。市町村であっても、首長が変わればそれぞれの教育長も変わることが多いのです。

繰り返しになりますが、皆さんの一票の価値をよく考えていただきたい。できるなら、選挙前に選挙事務所に行って障害者福祉や教育について要望を伝えるとよいかもしれません。当選してからはやってくれませんから（笑）。

選挙前に保護者の会などが集まって、特別支援学校を増やしてほしいとか、公約やマニュフェストに入れてもらうようにすることがよいと私は思います。

ぜひ、よく調べてみてください。

第2章 就労について

13 なぜ学校はもっと就労先を探してくれないのですか？

私が教員をしていた頃は、勤務が終わった夕方以降、目当ての企業に頭を下げに行き、「ウチの生徒を雇ってください」「職場体験をさせてください」とお願いに行ったものです。

しかし、今は先生の勤務時間の管理が大変厳しくなってしまいました。

昼間は授業がありますし、夜間に子どもたちの仕事先を探して回るというような時間を取ることは難しくなってしまっているのです。

皆さん、ご存じですか？

今は、全国的に多くの学校で夕方六時～七時になると学校の電話はつながりません。

国の働き方改革もありますし、時代的な背景がそうさせているのです。

それに加え、特別支援が必要な子の就労は、他の一般的な企業のように、毎年同じように一定の数の採用があるわけではありません。

今年の卒業生を採用したから、来年も採用するわけではないのです。

中には一度採用したら、以後数年は採用しないなんていう会社もある。

とすれば、次から次と新しい会社、就労先を開拓していかなければならない。

就労に素人の教員がそんな簡単に就労先をいくつも見つけられるものではないんですね。

しかし、先生方はそうと知りつつも、日々頑張って進路について考えてくれています。

その一方である保護者の方はこうおっしゃいます。

「先生、どうしてお兄ちゃんの時には就労先を探してくれたのに、この子の時には探してくれないんですか」

「どうして去年までは探してくれたのに、今は探してくれないんですか」

前はもっと良いところを紹介してくれたじゃないですか」

そうではないんですよ。

先生というのは学校を卒業させるのが一番の仕事であって、仕事先を見つけるのは先生の本来の仕事ではないんですね。

そうした中でも、就労先の募集は一応、学校に来ます。

「弊社で働きませんか」という募集です。

募集が来るものについては学校が紹介しますが、保護者の方がお子さんをもっと良い条件の会社で働かせたいという希望があるのであれば、「では、お母さんご自身で探してくださいね」ということになります。

今はそういう時代なんです。

申し訳ないのですが、先生方の勤務時間の問題や就労先がなかなか見つからないという問題、以前は募集があったけれど今はもう募集を止めているなど……。

そういう中でも頑張っている先生に苦情が集まるのでは、やっていられないという本音もあるわけですね。

だから、学校は募集があった分だけ、生徒に紹介して、後はお母さん方で対処してもらう、今はそういう流れになったんです。

つまり、就労のすべてを学校頼みにしていてはダメな時代になったのです。

早い時期から、「自分の子どもはどんなところで働けるだろうか」というイメージを持ちながら、わが子の将来に向けた療育を継続的に行なっていかなければならないということなんですね。

14 授産所って何ですか？

「授産所」とは、地方公共団体や社会福祉法人などによって運営されている社会福祉施設の一種で、就労や技能の修得のために必要な機会を与え、自立を支援する施設のことです。

授産所にはいろいろな種類がありますが、一般的には障害が比較的重い子が行くところだと捉えてください。

そのため、働く場所というよりも、居場所的なニュアンスが強いのも事実です。

たとえば、朝、授産所に行って、夕方帰ってくる。どれだけ仕事ができるかわからないけれど、ちょっとしたお手伝いができればよいというところが多いです。

私が知るクッキーを作っている施設では、ほとんどボランティアや親が作るのですが、その工程の一部だけを任せています。具体的には型抜きしたクッキー生地の上にレーズンやアーモンドを一つずつ載せる、パンを焼いた後、袋詰めする、袋に賞味期限のシールを貼るなどです。

このように本当に簡単な作業だけをやるところ、実際にやれない子はそれでも構わないなど、いろいろなレベルの授産所があるのです。

では、他の就労先とは何が違うかというと、一カ月でいくらお金がもらえるかなんですね。だいだい、朝から夕方まで一カ月間通って三〇〇〇円から一万円ぐらいのところが多いようです（各施設によって大きく差があります）。

ある施設に通う子は、一カ月で一二〇〇円。ところが、この施設では一日のお弁当代が五八〇円。これを就労と言えるかといったら、ちょっと苦しいですね。

でも、家にいてもしょうがないじゃないですか。

少しでも外で働けて、生きがいとして本人にわずかながらでもお金が入って、ちょっとおやつが買えることができればよいというようなイメージです。

こういう場所が授産所になります。

しかし、利用している人にとっては人として充実した人生を過ごす場になっていることは事実であり、利用者の中にはB型作業所へとステップアップして移っていく人も時々います。

15 B型作業所って何ですか？

「作業所」とは、一般に障害をもつ人が働いてお金を受け取れる場所のことを指します。

「B型作業所」と授産所の大きな違いは、給料です。「一時間働いていくら」という、障害者のパートタイムがB型作業所なんですね。前述の授産所のように、作業をやりたくなければやらなくても構わないとか、そういうことはできません。

一時間働いたら一時間分、二時間働いたら二時間分というように、働いた時間分しかもらえません。時給方式のアルバイトと同じですね。

雇用も立場も、パートやアルバイトと同じなので雇用契約はありません。

雇用契約がないばかりか、最低賃金を守らなくていいんです。

それは、障害者だからです。

だから、賃金という言い方ではなく、工賃という言い方をします。

調べると、令和二年度の一カ月工賃は全国平均で一万五七七六円。時間あたりの工賃は二二二円というのがこのB型作業所の平均でした（厚生労働省「令和二年度工賃（賃金）の実績について」)。

B型作業所といってもいろいろな作業所があり、この金額はあくまで全国平均です。B型作業所に共通していることは、時間給であり、雇用契約を結ばないパート・アルバイト。社会保険にも入れませんし、年次有給休暇もないということですね。

ただ、実際にはB型作業所に行っている子がものすごく多いのです。

でも、その一方、新型コロナで一気に仕事が減っています。障害者のパート・アルバイトなので、コロナで仕事がなくなったらすぐクビですからね。

それにしてもこの時給、障害者とはいえ、安すぎると思いませんか?

でも、すばらしい事業を展開している作業所もある。

その一つ「久遠(QUON)チョコレート」をご紹介しましょう。

一般社団法人ラバルカグループ(本部・愛知県豊橋市)が運営するこの久遠チョコレートは、ベルギーの高級チョコレートのように、余計な油を一切加えないピュアなチョコレートを障害者が加工し、販売しているんですよ。高級チョコレートなので、商品一つ一つの単価が高いんですね。しかも、久遠チョコレートは日持ちするというメリットがある。

私が聞いたところ、久遠チョコレートはB型作業所での就労になりますが、一カ月の工賃は五万円から一〇万円近くもらえるそうです。

久遠チョコレートはフランチャイズ制なので、もしやりたいという保護者の方がいれば、数百万円の予算があれば出店可能とのこと。
本書を読んでいる方の中で、「久遠チョコレートが近くにない。だったら、私がやってみたい！」と思われるなら、自分たちで立ち上げるという手もありますよ。久遠チョコレートを検索してみてください。
一般社団法人ラバルカグループ　https://labarca-group.jp/company/
久遠チョコレート　https://quon-choco.com/

16 A型作業所って何ですか？

A型作業所は、B型作業所とは全く違います。

何が違うかというと、パートやアルバイトではないんです。

雇用契約を結びます（ほぼ一般就労と同じ）。

実労働時間は最低四時間〜八時間と幅があるんですが、一時間や二時間の勤務ではダメです。最低四時間以上働ける人でなければいけません。

また、雇用契約を結んで働くので、基本的に六五歳まで、その会社が潰れない限り、継続して働くことができます。

全国の一カ月の平均工賃は約八万円です（厚生労働省「令和二年度工賃（賃金）の実績について」より）。

つまり、保護者の皆さんが望む「ある程度の自立した生活」に近いのはA型作業所に雇用されて工賃をもらうことでしょうか。工賃に加えて障害者年金をもらえれば、ある程度、自立した生活が見えてくることでしょう。

ただし、親亡き後も子どもが一人でしっかり自立して生きて行けるようにしたいのなら、A型作業所の中でも「良い条件の良い会社・仕事」に就くことがポイントになるということになります。

私が住む東海地方では、車の部品関係を扱うA型作業所があるのですが、工賃が高くて、月に一二万～一三万円を払っているところもあります。

A型作業所といっても様々なところがあって、ピンキリなので、よく調べていただかなくてはいけません。

まとめると、先ほどのB型作業所とA型が違う点は、しっかりと雇用契約を結ぶということ。

それから、働く時間も長いということ。

そして会社が潰れなければ、定年まで働けるということ。

社会保険にも加入できるし、年次有給休暇も取れます。

こうした点からも、A型作業所は一般就労ではないけれど、障害者就労の中でも一般就労に近い形になっているのがA型作業所なんですね。

「最低でもA型で働いてほしい」と多くの保護者が望むのは、こうした理由があるからです。

17 一般就労って何ですか？

一般企業などでは障害者雇用促進法に基づき、障害者の法定雇用率を遵守することが義務つけられています。一般企業の雇用率はこれまで従業員数の二・二％が雇用率だったのですが、この法律が一部改正されて法定雇用率が上がり、令和二年四月一日からは二・三％以上、障害者を雇わなければならない。

国および地方公共団体、県庁や市役所では、二・六以上、教育委員会では二・五％以上の障害者を雇わなければなりません。

たとえば、『五体不満足』の著者の乙武洋匡さん、一番初めは東京都の教員でした。彼は障害者枠で入っているんですね。

ところが、地方自治体は雇用率を守らず、ごまかしていたことがあったことを知っていますか？

障害者就労というのは、障害者手帳を持っている障害者を雇用することに他なりませんが、障害者手帳を持っていない、たとえば、自閉症やＡＤＨＤ、視力が悪い人など診断名があるだけで障害者として、勝手に水増しをしていたんですね。

それで、この件を追及され、あわてて障害者を採用したという経緯がありました。

でも、国や地方公共団体は、違反してもペナルティがないんです。

一般企業からすれば、腹立たしいことなんですが、民間企業の場合、障害者雇用二・三％以上を守らないと、ペナルティで罰金が科されます。

障害者の一般就労というのは、給料や基本的な勤務内容、条件などは定型発達の人とほぼ同じなんですね。

ですから、障害者枠で一般就職できたらもう万々歳ですね。

とはいうものの、一方で半分近い民間企業では罰金を払い、障害者を雇用していないという現状もあるんです。

私、教員をしていた頃、会社の社長さんたちに向かってこう言ったんです。

「どうして、罰金なんて払うんですか？」

「もっとこの子たちを雇ってください！」

すると、社長さんたち、みんな顔を下に向けてしまうんですね。

でも、今、私自身が取締役として経営に参加するようになって、わかったんです。

その一つの理由を正直にお話ししますと、障害者に任せられる仕事がほとんどないんです。

障害者でもやれる仕事がある職種はいいですよ。

ところが、その障害者を雇ったとしても、職種によってはその子にやらせる仕事がない会社もあるんですね。

二つ目は、障害者といえども一般就労なので、労災保険に加入するわけです。

障害のある従業員たちが、繰り返し事故やケガを起こすとどうなるか。

労災の掛け金が上がってしまうんです。

それも、障害者本人だけではなく、全従業員の労災の掛け金が上がってしまう。罰金を払っていたほうがよいということになるわけです。

一般企業はそもそも優秀な障害者を雇おうなんて考えていないのです。

企業側の本音は「ケガをしない、事故を起こさない、毎日しっかり来てくれる」子たちを採用したい。そういうことを、保護者もしっかり認識しておいたほうがよいと思います。

ちなみに、一般就労ができる子って特別支援学校の中で何人ぐらいいるか、ご存じですか？

私の同僚が特別支援学校に勤務している時、特別支援学校高等部の卒業生が八〇人いたそうですが、そのうち五人の子が一般就労できたら「先生、今までの新記録です」と言われたそうです。

例年は三人ぐらいだそうです。

今はコロナ禍で一人いるかいないかとのこと。

ですから、特別支援学校に入れたら、先生たちが十分な給料が支払われる一般就労で働く場所を見つけてくれるなんて思ったら大間違いで、特別支援学校の在学中に、しっかりと働けるような自立訓練や就労訓練をしなければいけないということになるんですね。

Q18 特例子会社って何ですか?

先ほど、社長さんたちが障害者を雇いたくても雇えないという現状をお話ししました。そこで国も考えたんです。

「特例子会社」といって、企業が障害者雇用促進と安定のために、雇用にあたって、特別な配慮をする子会社を作る制度です。

たとえば、自動車を作る工場があったら、自動車工場の横にクリーニング店を出店する。工場で働く人たちの作業着を特例子会社の障害者がクリーニングするのです。工場の中にうどん屋さんやカレー屋さんを作って、従業員の昼食をそこで出すようにするケースなどもあるでしょう。

これらの子会社は、自動車製造会社そのものではありませんよね。

しかし、自動車製造会社が経営しているクリーニング店であり、うどん屋さん、カレー屋さんです。この形態であれば親会社（自動車製造業）の実雇用率として算定できるようになっているんです。

言い換えれば、企業が「わが社は障害者を働かせられる仕事内容がない」という言い訳を国が潰したんです。

仕事がなかったら、特例子会社を創ればよいと。

先日、プルデンシャル生命という保険会社の社員の方に聞いたのですが、特例子会社で障害者がクッキーを作っているとのこと。

障害がある人が保険の提案営業なんてできないですよね。

営業担当者が子会社で作ったクッキーをお客さんに「どうぞ」と差し上げたら、「へぇーどうしたの？　保険会社でクッキーなんて作っているの？」と話題作りにもなるし、会社のイメージアップにもなるでしょう。

障害者雇用をしている会社が半分あるかないかの中、特例子会社を新設したことによって、障害者雇用率は今後もっと上がるのではないかと考えています。

そして、こうした流れが広がれば、保護者が望んでいるような障害者就労がどんどん増えてくる可能性はあると思います。私はとても期待しています。

Q19 就労移行支援事業って何ですか？

高校を卒業後、進学できればよいですし、働くことができればよいわけです。

保護者の方が一番嫌がるのは、お子さんが何の仕事もせずに自宅にいるということなんですね。

そこで、国はまた、すばらしいことを考えたんです。

それが「就労移行支援事業」です。

この事業は障害者総合支援法（旧障害者自立支援法）に基づき、市町村が国と県の財源を活用して「訓練等給付」の予算を組んで、仕事をしていない人を、二年間訓練してくれるというものです。

なぜその子は働けないのか。どうしたら働けるのか。

先ほど私は「学校の先生は学校を卒業させるのが仕事で、仕事を見つけるのが仕事ではない」とお話ししましたね。

この就労移行支援事業は、働いていない人を受け入れて、訓練し、二年以内に働かせることができるとその事業者に国からお金が出る仕組みです。

だから、事業者は、命がけで仕事を見つけてくれるわけです（笑）。

しかもこの事業は、一八歳から六五歳まで利用できるうえ、利用料はほとんど国が補助してくれるんですね。

「障害者で働くことができない」という人がいたら、あきらめてはダメなんです。もしくは安い賃金のところしかないと泣き寝入りしてもいけない。

「自分の子はもっとできる、働ける」と思ったら、就労移行支援事業を利用する。一八歳になってからでも、働く訓練やチャンスがもらえます。

こうした制度をぜひ活用してください。

ただ、就労移行支援事業といっても、ピンキリで種類も様々です。

プログラムとして、農業もあれば、工業もある。サービス業を扱っているところもあれば、知的障害を専門にした事業所、精神障害を専門にした事業所などいろいろあります。

ですから、お子さんが一七歳くらいになれば、自分の子どもは働けそうなのか、進学できそうなのか、ある程度見えてきますよね。

もし一七歳になって、以後、この子はふさわしい場がイメージできないと心配になったのなら、高校や特別支援学校高等部卒業の前から、問い合わせると体験ができたりします。

インターネットで「地域や市町村名＋就労移行支援事業」で検索してみてください。「東京都就労支援事業」だとエリアが広すぎるので、地域名は練馬区とか横浜市など、最寄りの行政区で検索するとよいのではないでしょうか。

検索すると、三〇件くらいはヒットしてきます。

この就労移行支援は、手帳がなくても、診断書があれば利用可能です。

Q20 就労定着支援事業って何ですか？

国や地方自治体が素晴らしい就労移行支援事業を実施しているにもかかわらず、問題が発生したんですね。

やっと就労ができたのに、数カ月で辞めてしまうんです。

そこで、国が考えたのが、就労移行支援で働き始めた子たちが辞めないように、ジョブコーチなどをつけて就職後のフォローアップをしてくれる事業です。

それが、二〇一八年に始まった「就労定着支援事業」という制度です。

この制度では、利用者が仕事を覚え、周りの人たちがその子のことを理解してくれるように、バックアップサービスをしてくれます。

就労移行支援事業を活用して、お子さんの就労が叶ったとしても、今後も仕事が続けられるのか、辞めてしまうのか、わからないですよね。

そこで、アドバイスです。

就労移行支援を実施している多くの事業所が就労定着支援もやっています。就労定着支援だけの事業所は少ないのです。

ですから、就労移行支援を利用する際、この事業所は就労定着支援もやってくれるかということを初めに確認し、両方実施していることがわかってから事業所に入ることが一つのポイントだと私は考えます。

なお、この就労定着支援事業、ありがたいことに企業と家庭の連絡調整までやってくれます。そういう意味では保護者の皆さんにとってはとても安心ですね。「ご自分でお子さんの働き口を見つけてください」ではありませんから。

だから、卒業したら就労移行支援、就労定着支援という方法もありかもしれません。また、就労定着支援事業は、まだ最近新設されたばかりの制度なので、これからまだまだ事業所が増えていくと私は見ています。今後注目したい事業の一つです。

その一方で、特別支援学校というのは、やはり就職率や進学率も気にしているんです。卒業後、就労移行支援に行くと「就労」ではなく「その他」に分類されてしまう。

つまり、就職にもカウントされないし、進学にもならない。

そのため、高校や特別支援学校は、過去何年間かの進学実績や就職実績を出さなければいけないので、嫌がるケースがあると聞いてびっくりしました。

実際にこんな先生はいては困るんですが、就労移行支援に行かせるぐらいなら、賃金が安くてもどこかに就職させてしまえば、現役卒業生の「就職」としてカウントできる。私は元教員なので、そんな先生はいないと信じたい。もっとも、その就職先が当人にとって本当に満足できる就職先ならOKだと思います。

しかし、もし満足できないというのなら、もうワンチャンス。就労移行支援、就労定着支援を活用することを検討してみてもよいと思います。

スマホでも構いませんので、ぜひ検索してみてください。

Q21 生活介護って何ですか?

就労系のサービスを利用してもなかなか就労することが難しい場合、障害福祉サービスを利用することも選択肢になります。

よく保護者の皆さんから、「グループホームに入るのはどうか」という相談を受けることがあります。グループホームというところは、「共同生活援助施設」とも呼ばれていて、障害のある人が比較的少ない人数で、世話人さんなどのケアを受けながら共同生活をする住宅施設です。各人の個室があったり、食堂や共有スペースがあったりするんですね。グループホームに入所すれば二四時間、もちろん夜中もケアしてもらえるので、保護者としては安心なのでしょう。

ところが、世話人や支援員の人件費や運営で莫大な税金がかかります。ですから一八歳からすぐ、グループホームに入所して一生を過ごす人が多いと、国の財政がパンクしてしまう。

そこで、国が考えたのが「日中サービス支援」と呼ばれる、通所型の「生活介護」です。保護者が元気なうちは、朝、施設の職員がお子さんを迎えに来てくれる。昼間は施設で生活を見てくれて、夕方になると自宅に送り届けてくれる。

しかも、この生活介護は「ただ預かるだけではない」ところが素晴らしい。

食事、排せつ、入浴・着替えのケアだけにとどまらず、少しでも本人が自立した生活ができるように調理や洗濯、掃除なども訓練をしてくれるのです。また、ボウリング大会や七夕の会のようなお楽しみ会もやったりするのが生活介護の特徴です。

これら提供できるサービスの内容は事業所によって様々ですが、就労が難しい場合には、この生活介護というサービスを受けるという選択もありかと思います。

実は、私が現在取締役を務める株式会社グロー・トラスでも、生活介護の事業を行なっています（生活介護「森のりんご」愛知県一宮市内）。

我々の生活介護は、昼間に利用者の面倒を見るだけではありません。

午前中にレンタルＤＶＤを磨くという仕事をやってもらっています。午前中に仕事をした分として渡せるお金はわずかですが、利用者はとても喜んでくれています。

ある子は「午後もやっていい？」と聞くので、午後も作業をやってもらいました。

そうするうち、一日やれるようになったので、週に一日だけ作業所に送りました。

そのうち「私、もう一日やりたい」と言うので、週二日になりました。

そして三日になり……。とうとうその作業所で働けるようになった。生活介護への通所は卒業です。

そう、就労へステップアップができたのです。それが私の理想としている生活介護です。

生活介護といっても、本当に障害の重い子だけを預かる生活介護もあります。我々のように少しでも働く練習をさせることで、授産所や作業所に送り出せるようにするところもあります。

Q19の就労移行支援は基本的に一般就労、悪くてもA型作業所を目指すところなんですね。

だから、お子さんの障害が重い場合については、生活介護の中で就労的なことをやってくれるようなところを探すというのも一つの手かもしれません。

そして、その子が六〇歳、六五歳になって、親が高齢になり、高齢者施設に入らなければならなくなった時、その子たちもグループホームでの共同生活に入っていくわけなんですね。

ですから、親が元気なうちは通所で福祉サービスを受けて、子どもたちが少しでも自力で生活できるようにするというのが国の施策でもあるんです。

第3章 進学について

22 小学校入学前、どのように進学先が決まるのですか?

市町村の教育委員会が、通常の小学校か、特別支援学校の小学部にするかの判定を出すことになっています(通常の学級にするか、特別支援学級にするのかも同様です)。

市町村の教育委員会に特別支援が専門の先生、お医者さん、校長先生たちの代表、特別支援学校の先生などが集まり、保護者からの要望の紙や園からの資料などを見ながら、〝この子にとってどこが一番よい教育環境なのか〟という観点で決めるんですね。

かつて、私は「教育課教育課長補佐」という立場で判定にかかわっていました。

判定までの流れはこうです。

特別支援の経験のある先生がその子の保育園や幼稚園に出向き、園長先生から聞き取りをする。その子の様子を観察した後、教育委員会が開催する判定会議で報告し、メンバーが検討する仕組みになっていいます。

「山内先生、どうでしたか? 園長先生は何ておっしゃっていましたか? 保護者はこう言っています。じゃあ、こうしましょうね」というように。

それらの経過を踏まえて結果を出し、最終的に教育委員会から「あなたのお子さんは特別支援学校がいいですよ」とか「通常の学級ですよ」などの判定が通知されることになります。個人によって勝手に決められるわけではなく、いろいろな専門家が入る中で判定しているというわけなんです。

私が教育委員会に在籍していた時、保護者の中には「ウチの子は字が書けます」「計算ができます」ということをよくおっしゃるのですが、実は、判定で一番大切なのは、「身辺自立」といわれているんですね。

身辺自立ができていないと特別支援学校、身辺自立ができていると通常の小学校というように分かれます。

これはなぜかと言うと、特別支援学校は担任の先生が原則一クラスに二人いるんですね。だから、お漏らししても、食事が食べられなくて介助が必要でも、着替えができなくても、もう一人の先生がマンツーマンで支援することが可能なのです。

ところが、通常の小学校は、特別支援学級であっても担任が原則一人だけなんですね。先生がその子にかかりっきりになってしまうと、他の子への支援ができなくなってしまう。

ですから、重要なのはマンツーマンによる個別な支援が必要かどうか、身辺自立ができているかどうかということなのです。

保護者の皆さんはよく「幼稚園、保育園では加配（加配保育士のこと）がついているからできました」とおっしゃいます。

これは残念ながら、通常の小学校では通用しません。

この重要なハードルである「身辺自立」ができて、初めて知的な遅れがあるかどうか、情緒面の問題があるかどうかという次のフィルターに進めるわけです。勉強はもちろん大切ですが、「小学校生活が個別の支援がなくてもできるかどうか」が最も重要です。

本書を読んでいる保護者の皆さんにはまず、「自分のことが自分でできる」「身辺自立がしっかりできる」療育をすすめていって欲しいですね。

23 どうして特別支援学校に希望しても入れないのですか？

まず一つは特別支援学校の定員がいっぱいだからです。

今、特別支援学校の入学希望者がどんどん増えています。

そうなると、優先されるのは障害の重い子から、ということになります。

静岡のある特別支援学校は生徒が増え過ぎてしまい、担任が三人いると聞きました。とはいえ、障害の重い子から順番に入学することになるのは変わりありません。

だから「どうしてウチの子は特別支援学校に入れないのですか？」と聞かれても「恐らく、もっと大変な子がいるから無理です」というのが一般的な回答となってしまうのです。

二つ目の理由は、予算の問題があります。

先ほど予算の話をしましたね。通常の学校の生徒一人に年間一〇〇万円。特別支援学校の生徒一人に年間で七二八万円かかる。一年で六二八万円の差があるわけですね。

通常の学校に行ける素質ある子もすべて特別支援学校に入れたら、どれだけ予算がかかるのかということなのです。予算というのは決まっているんですね。保護者がいくら特別支援学校に入れたいと言っても、要望のある子を全員入れてしまったら、予算がパンクしてしまうんですね。

こうした事情や背景があるため、教育委員会で「通常の学校がよい」という判定を出されてしまった場合は、基本的に判定に従わざるを得ないということなのです。

Q24 通級による指導教室に入れません。どうすればよいですか？

通常の学級で特別支援が必要な子が八・八％いると前述しましたが、この割合で計算すると小学校全体で四〇〜五〇人の子どもが対象となることになるんです。

しかし、通級の先生が一週間、一人で見られるのは、二十数名ほど。

だから、無理なんです。

結果、ここでも特に支援が必要な子から順番に通級に入るという形になってしまう。

ここで、本書を読んでくださっている方に特別な裏技を教えます。

保護者が学校や教育委員会に対して「通級に入れてください」と言えば言うほど、学校は「無理です」と答えるでしょう。

そこで、「医者の意見書」を活用してください。

診てもらっているお医者さんから「この子は通級に行くことが望ましい」という意見書を受け取って、これを学校や教育委員会に出すことで通級に入れる順位が跳ね上がります。

なぜなら、これは医者の意見だからです。

もし、「通級に入れません」と学校側から言われた場合、医者や専門家の意見書を添えて学校に提出することをお勧めします。

保護者だけがムキになって一人で頑張れば頑張るほど〝モンスター〟扱いされかねませんから、注意してください。

25 一度、特別支援学校に入ると通常の学校に変わることは難しいのですか？

法律上は可能ですが、実際は非常に難しいです。

実際に特別支援学校から通常の学校に転校した子を知っていますが、恐らく、数万人に一人の割合でしょう。

それは、なぜか。

まず、通常の学校が受け入れを拒否します。

特別支援学級だけでも人数が増えて大変な状況だと先ほどお話ししましたね。ただでさえ大変な特別支援学級に、特別支援学校からさらに障害の重い児童生徒が転校してくるとなると、どうなると思いますか?

特別支援学級の担任がギブアップして辞めます。担任が辞めたらどうなりますか?

教頭先生が替わりに特別支援学級を担当することになるでしょう。

だとしたら、教頭先生本来の仕事は誰がやるのでしょう?

校長先生しかいませんね。

つまり、先生が連鎖的に代理を受け持つことで、先生の負担が大きく増えてしまうんです。

校長先生は知っています。今の特別支援学級の状態だけで、本当にトイレに行く時間もないくらい、特別支援学級の先生は大変で頑張っていることを。

そこに特別支援学校の子が新たに転入してくる。担任が限界を超える。

校長先生はそのような予想の中、担任、そして今の学校運営を死守するでしょう。

「ウチでは受け入れは無理です」と通常の学校の学校長は回答する。

これがまず一つの理由ですね。

二つ目です。

百歩譲って、特別支援学校の子が通常の小学校に転籍したとしますね。とすると、中学校も特別支援学級になります。中学の特別支援学級を卒業した後、進路はどうなると思いますか？

特別支援学校の高等部ですね。特別支援学校に行く子は障害が重いので、仮に一時的に小学校や中学校の間、通常の学校に転校したとしても、高等部でまた特別支援学校に行くことになります。だとしたら、「何でわざわざ（特別支援学級に）来るの？」ということになってしまう。「また将来は、特別支援学校に戻るんでしょ？」と思われてしまう。

保護者の、ちょっとでも定型発達の子と交わる機会をつくってあげたいという気持ちはわかります。その気持ちはわかるけれど、特別支援学校の子が通常の学校に変わることで生じる指導の大変さと先生方の負担。

保護者の想いだけで学校の指導がてんてこ舞いしてしまう。それを校長先生は恐れるので、できないと言わざるを得ないわけです。

ここで、特別支援学校から通常の学校に戻った特別な子どものケースをお話ししましょう。

その子は、教育委員会が特別支援学校でも通常の小学校のどちらでもよいと判定したグレーゾーンの子だったんですね。

ですので、保護者は、「学校の送迎バスで通学できるから、特別支援学校がいい」との理由だけで特別支援学校を安易に選びました。

ところが、特別支援学校の小学部というのは、入学当初は学習より自立訓練が中心なので、勉強はほとんどやりません。

この保護者は、お子さんを特別支援学校に入れてからそれを知ったのです。

加えて、特別支援学校は、高等部を卒業しても高卒資格がないということも。

「知らなかった！　通常の学校に戻してください！」「ウチの子は勉強もして高校卒業資格を取らせたいのです」と。

その子、勉強はできる子でしたから、戻る目的もはっきりしていた。

それで、通常の学校に戻れたというケースでした
この場合、その子はどちらに進んでも大丈夫という微妙な状態だったことが大きいかもしれません。

Q30で詳しくお話ししますが、将来は特別支援学校ではなく、高校に行かせて高卒資格を取らせたいということであれば、基本的には早めに通常の学校に戻したほうがよいでしょう。

ただ単に通常の学校に入れたいというのではなく、しっかりと将来の見通しをもって相談するということが大事になってきます。

26 障害者手帳がないと特別支援学校に入学できないのですか？

障害者手帳を持っていないと特別支援学校に入学できない法律やきまりはありません。

ですから、教育委員会や特別支援学校に問い合わせると「その状況に応じて考える」などと返答されるのですが、現在、特別支援学校は定員がオーバーするくらいいっぱいなんです。

私が子どもだった頃は、不登校でも発達障害でも特別支援学校に入学できました。

それはなぜか。定員に対する児童生徒の人数に空きがあったんです。誰も特別支援学校に入れたくないから、定員割れでガラガラだったんですね。

ですから、非行で進学先がない生徒も、不登校の生徒も、診断名のないグレーゾーンの生徒もほぼ全員特別支援学校に入ることができた。

ところが今、特別支援学校の希望者が急増してきて、障害の重い子からしか入れなくなってしまったんですね。

それでは、障害の重い子と軽い子、それを簡単に判別する方法は何でしょう？

〝障害者手帳を持っているかどうか〟ということになったんですね。

障害者手帳を持っているということは障害が重いということです。

ですから、障害者手帳を持っている子がまず優先して入学できます。そして空きがあったら、障害者手帳のない子が次に入学できます。しかし、その空きはまずありません。

さらに、昔は障害者手帳さえ持っていれば入学できたのが、今は恐ろしいことに、障害者手帳があっても入学できないことがある。というのは、現在、障害者手帳には三種類あります。

・病気や身体の障害がある身体障害者手帳
・知的な遅れがある療育手帳（愛護手帳）
・知的な遅れはないけれど集団や対人関係が苦手な精神障害者保健福祉手帳（精神手帳）

現状では、身体障害者手帳と療育手帳があればパスポートとして特別支援学校に必ず入学できます。しかし、精神手帳では難しい。

つまり、特別支援学校は、身体に障害のある子と知的に遅れがある子を優先して入れます。なぜなら、他に進学することが難しいから。

「空きがあったら」、次に精神手帳のある子になるんですけれど、その空きが現在はありません。すなわち、精神手帳を持つ子の多くは、知的な遅れはないとみなされて、どこかの高校を探さなければいけない時代になってきたということなんですね。

だとすれば、〝もっと特別支援学校を造ってよ〟という話になるのですが、前述したように予算の問題があって、苦しい状況が続いているわけです。

私が一番恐れているのは、「現在、特別支援学級で手帳を持っていない子はどうなるか？」ということです。

中学三年生になった時に手帳を持っていないと、その後に特別支援学校高等部に入学することは難しい。そして、勉強が遅れているので高校に入学することも難しい。つまり、中学校卒業後の行き場がなくなるということです。

学校の担任の先生は原則、毎年のように替わります。

だからこそ、自分の子どもは障害者手帳が取れるのかどうかは、早期にしっかりと調べておく必要があると私は考えます（少なくとも三年後のことを考える必要があります）。

27 高校に進学するためには、内申点（通知表の1～5）が必要ですか？

一般の皆さんが受験して入る公立高校や私立高校。通常の高校は一般的に五教科の入学試験と中学校からの内申点（通知表の1から5）で合否が決まります。

なぜなら、通常の高校には特別支援学級（個別な支援）がないからです。

だから、通常の教室でどれだけみんなと一緒にやれるのかを内申点で判断するんですね。みんなと同じ公立学校や私立へ行きたいなら、内申点、すなわち通知表の1から5が原則必要になってきます。ここで気をつけなければいけないのが、特別支援学級ではこの内申点が基本的につかないことが多いということです。

なぜかと言うと、特別支援学級でのテストは通常よりも簡単な内容で、しかも少ない人数で授業を行なうからです。提出物や宿題の量も一般的に少ないです。

つまり、通常の学校との評価の基準が違うんです。

たとえば、特別支援学級の子が、簡単なテストで、少ない提出物で、しかも少人数の指導で5を取ったら、通常の学級で3の子が怒りますよね。

ですから、特別支援学級は原則、通知表の評定がつきませんし、通知表が1だったり、／（斜線）だったりすると、通常の高校を受験しても難しいわけです。もし、通常の高校を受けたいなら、一般的には通常の学級へ戻さないといけないということになります。

ところが、これまでお話ししてきたように、特別支援学級がこれだけ増えてきた中で、現在は、特別支援学級であっても通知表の評定もつける学校が増えてきました。

ただ、市内のA中学校はつくけれど、隣のB中学校はつかないというように、同じ市の中でも学校によって違います。今は過渡期なのです。

これは調べればわかります。これから行く小学校が決まっていれば、学区の関係で公立中学校も決まっていますよね。

中学校が決まっているなら「特別支援学級のままでも内申点がつくか」ということを入学前に聞いてみましょう。「特別支援学級でもつく」ということであれば特別支援学級のままでもいいでしょう。

ただし、これは、通常の高校に行くことを前提とした場合です。私が現在学院長をしている全国広域通信制の明蓬館ＳＮＥＣ高等学校のような特別な高校は、入学試験が面接や事前提出の作文だけでよいこともあります。後でご紹介しますが、「特別な高校」であれば内申点は必要とは限らないのです。

つまり、通知表が必要な子というのは、多くの生徒が入学する一般的な通常の高校に行く時に必要というだけ。もし、「ウチの子は特別な高校でいい」ということであれば、そもそも、この通知表の評定や内申点は必要ないということです。

最後に一つ気をつけてほしいことをお伝えします。

私の頃は、高校入試に使う通知表の評定は中学三年生だけでよかったのです。

ところが、今では多くの都道府県で中学二年生や一年生の時の通知表の評定も総合的に高校入試に使われるようになったので、中学三年生だけ真面目にやればよいというわけではなくなってきたのです。

たとえば、こういう例もあります。

中学一年生、そして二年生と不登校で全教科オール１だった子がいたとします。その子が目標とする高校は通知表でオール３が必要だと言われました。

では、中学三年生で頑張ってオール３を取ればよいかというと違うんです。

実は無理してでも中学三年生でオール4がもらえないと、入学したい高校の基準に届かない。なぜなら、二年生までがオール1だったために、三年生はオール4にしないと中学校在籍中の総合的な評価は3にならないという仕組みになっているからです。

ただ、この取扱いは都道府県によって違いがありますから、中学校に入学する前に必ず確認しておいてください。

こうしたことからも、中学一年生から通常の学級にするのか、みんなと同じようにやれるのか。できれば、小学校の早い段階から考えておかないといけないと私は考えます。

Q28 不登校や特別支援学級の生徒が進学できる特別な高校って何ですか？

まず一つ目は公立高校から説明しましょう。

公立高校には定時制がありますよね。

定時制というと「夜間」のイメージがありますが、なんと現在は昼間の定時制もあるんです。また、本来三年間でやらないといけない勉強を四年間でやるから、ゆっくりやれるんですね。しかも公立なので、授業料は実質無料です（所得による制限あり）。

卒業するのに四年かかるというデメリットはありますが、もし可能ならば、昼間の定時制などに入学するのも選択肢としてありかもしれません。公立学校も何もしないわけではなくて、結構頑張っているんですね（定時制でも、三年間で卒業できる学校もあります）。

二つ目は、私立の学校です。私立というと頭の良い進学校とか、甲子園に行くようなスポーツ校みたいな学校のイメージがあるでしょう？

ところが今は、子どもの数が減って生徒が集まらなくなってきているんです。

そこで、不登校や特別支援に特化した私立学校ができてきました。

中でも一番有名なのが、神奈川県にある星槎中学、星槎高校です。この学校は、先生一人に生徒が二〇人の少人数クラスが基本。しかも先生は特別支援教育に長けた先生なので、特別な支援が行き届いています。

生徒は少ないうえに、担任の先生がしっかり教えてくれるのはメリットですね。しかし欠点もあって、授業料はどうしても高いことはご理解ください。

私立高は特別支援に特化するなど、少ない人数の代わりに授業料を上げれば経営的に元は取れるという算段をしているんですね。こうした特別支援教育に特化した私立高校は現在どんどん増えています。

三つ目に、私がかかわっているような通信制サポート高校があります。

一般に皆さんが卒業された通常の高校は、一〇〇単位程度の単位が卒業のために必要です。どこの大学へも進学できるように余分に多くの勉強をします。

ところが、通信制サポート高校は、七四単位で高校が卒業できるんです。

つまり、必要な単位が二五％近く少ないんですね。

もちろん、もっと勉強をやりたい子は「おかわり」をすればいい。プラスアルファができるんです（もちろん有料になります）。

前述した公立の定時制では、卒業までの年数を四年にすることで必要な単位取得のハードルを低くしました。

通信制サポート高校は、必修でない教科等をオプション化して、文科省が定める最低限の勉強だけをする七四単位とハードルを低くした高校なんです。

しかも、個別や少人数指導をウリにしている学校が多い。さらに入学試験は、面接と事前提出の作文だけというところも多いのです。

保護者の皆さんが「ウチの子は特別支援学校高等部では合わない」と思われるなら、高校進学しかないわけです。その時に、通常の高校にするのか、特別な高校にするのか、ゴールを明確にしておけば、内申点などで中学になってからあわてる必要がないわけです。

なぜそんなに必死になって塾へ行って、通知表やテストの点を上げなければならないか。それは、通常の高校に行かせるためですよね。

「ウチの子は特別支援学級で中学を出たら、高校は特別な高校でいい」となれば、全然イライラしなくていいわけです。通常の学級へ転籍する必要もないのです。

私の前著『特別支援が必要な子どもの進路の話』（WAVE出版）でも述べましたが、今、目の前が大事なのではなくて、将来のゴールを決めると今が決まる。将来を見すえて今、何をするのか。

そうした視点が最も大事になってくると私は考えます。

特別な高校のほとんどは、小学生のうちから見学が可能です。

中学三年生になる前から、早めに問い合わせをし、資料請求や見学に行くとよいと思います。

29 中学卒業後の進路に「専修学校」を勧められましたが、どんな学校ですか？

わかりやすく言うと、専門学校と通信制高校を合わせた学校です。

先ほど、通信制高校は最低限の七四単位でよいとお話ししましたが、単位が少ない分、調理などの専門的な学習の単位が取れるよう勉強ができるわけです。

そのため、高校卒業時には、たとえば「調理師免許」と「高校卒業資格」が同時に取れるということも可能になるわけです。

例を挙げると、東京では、東京多摩調理製菓専門学校（本校・多摩市）という学校があって、高等専修学校と高等学校の卒業資格を両方取得するカリキュラムを組んでいます。

愛知県では、NPC高等学院（本校・弥富市）というペットの専門資格（ドッグトレーナー、ペットトリマーなど）と高校卒業の資格が取れる学校もあります。

ただし、気をつけなければいけないのが、本人が「本当にその専門分野が好きか？」ということですね。料理がそれほど好きではないのに調理師免許を取る学校に行ったら辛くなるだけです。ですから、「自分は本当に興味があるのか？」という点が一つ。

二つ目として、専修学校の勉強は結構大変です。せっかく通信制で一〇〇単位から七四単位に減ったのに、そこに調理の勉強やら実習などが入ってくる。結局、朝から夕方まで集団でガッツリ勉強しなければなりません。出席することも必要になってきます。

以上からも、専修学校はどちらかというと、発達の凸凹はあるけれど「この分野の仕事だったら大好き」みたいな子であれば向いていると思います。「普通の学校が無理だから、専修学校へ」のような、安易な発想で入学するとその後が大変になると思います。

Q30 特別支援学校高等部を卒業しても「高卒ではない」と聞きました。本当ですか？

その通りです。一般に高校というのは英語や数Ⅰ、現代国語とか生物、物理や世界史をやる。これが高校卒業資格ですよね。

一方、特別支援学校高等部というのは、自立訓練や就労訓練、木工班とか園芸班など、就労訓練を中心に学ぶところなんですね。自立訓練や働く訓練をしても高校卒業資格の単位にはならないのです。

ですから、高卒資格がないということなんですね。

ちなみに、文部科学省は「特別支援学校の高等部は、通常の高校と「同等な卒業証書」と言っていますが、実はすべて同等ではありません。高等学校卒業資格はないのです。

私の講演会の参加者に逆に同様の質問をして挙手をしてもらうのですが、高校卒業資格があると勘違いしている人が、どの会場でも半数います。

中学を卒業して、特別支援学校高等部にするのか高校にするのかというのはその意味合いが全く異なります。

特別支援学校というのは、障害者手帳を持った子が、よりよいところに障害者として就職するための就職訓練校なんですね。

ですから、通常の高校でも、特別な高校でもいいので、もし高卒資格が欲しいのであれば、前述のような学校に行かせなければいけないわけです。

となると、やはり学力は必要になるので、ある程度の学力をしっかりと積み上げていくことが非常に重要になってきます。

ただ、最後に付け加えさせていただきます。知的に遅れのない「肢体不自由」や「病弱」「盲学校」

「聾学校」といった一部の特別支援学校高等部では、通常の高校の学習単位が取得できるところもあります。こちらについては、各教育委員会や特別支援学校に直接お問い合わせください。

Q31 受験のある「高等特別支援学校」は、特別支援学校と何が違うのですか？

「特別支援学校に入学すれば就労先が見つかる」と甘い考えではダメだというお話をします。

文科省の調査によれば、全国の特別支援学校高等部（本科）を卒業しても就労できるのは三一・七％。特別支援学校であれだけ就労訓練をしても、三一・七％しか働けないのです（文部科学省「特別支援教育資料（令和二年度）特別支援学校高等部（本科）卒業後の状況（国・公・私立計）より）。

つまり、残り三分の二は生活介護などになってしまうということなんです。

本当にこれでよいのでしょうか？

先ほど、三一・七％、約三分の一の子が働けると述べましたが、就労先のほとんどが授産所やB型作業所なのです。

こうした状況に対し、各都道府県も手をこまぬいているわけではありません。

「高等特別支援学校」といって、学力や自力通学、生活態度、働く意志なども含めて、優秀な子だけを集める特別支援学校のエリート校を次々と創設しているのです。

たとえば、大阪府のように各地域に一つずつ高等特別支援学校を設置している地域もあれば、東京都のように一つの特別支援学校の中に選抜クラスを設けているところもあります。

高等特別支援学校に入ると、ほぼ一〇〇％一般就労が可能です。一〇万円以上の給料が出る就労先に行けるのです。保護者からしてみれば、ぜひお子さんを入学させたいですよね。しかし、厳しくレベルの高い試験があります。

まず一つ目、学力試験です。小学校四年生程度の勉強が必要であると言われています。主に国語と算数、都道府県によっては作文や英語も出題されます。

二つ目、自力で通学ができること。親による送迎は認められていません。

三つ目、面接試験があります。

四つ目、作業のテストがあります。作業というのは、実際に色分けをしたり、組立てをしたり、いろいろな種類のテストがあります。

高等特別支援学校の入試については、私が調べただけでも各都道府県によって出題傾向の違いがあります。教育委員会や各校のホームページを確認してください。

たとえば大阪府の場合は、過去三年間に出題された試験問題がすべてホームページにアップされていますので、一読していただけると私のお話ししたことが具体的にわかります。

また、興味があれば、教育委員会や学校に問い合わせて、過去問題を手に入れてみるのもよいでしょう。「開示請求」をすれば一枚一〇円でコピー可能なはずです。

先ほど、子どもを高校に行かせるなら、通常の高校か特別な高校の二つの道があるとお話ししましたが、実は特別支援学校高等部に進学する子についても、一般的な通常の特別支援学校高等部へ行くのか、レベルの高い高等特別支援学校高等部へ進学するのかによって、その後の就労や進路が大きく違ってくるということなんですね。

以前、東京都内の中学生三年生の生徒をもつ保護者からの相談を受けました。

その方はお子さんが中学三年生になって、高等特別支援学校高等部の存在に気づいたそうです（このケースは、都立の一般的な通常の特別支援学校の中に、一クラスだけ就労のよいレベルの高い選抜クラスがあるというケースでした）。

それで、作業班クラスではなく、選抜クラスに入れたいとお願いしたところ「受験結果によって決めます」と言われたそうです。結局、受験の結果がよくなくて、一番障害の重い自立訓練中心のクラスに入れられてしまったそうです。

保護者や本人がいくら希望しても、その本人に力がなければ入学できません。

ということもあって、私がかかわっている放課後等デイサービスでは、社会性を身につけることはもちろん、学習支援にも力を入れています。そこで勉強している子には、高等特別支援学校高等部や特別な高校を目指している子が多くいます。

とにかく、中学三年生になってから考えていたのでは遅いのです。

一度、低く打ち上げたロケットを、その後に高い軌道に修正することは非常に難しい。しかし、やや高く打ち上げたロケットの軌道をその後に低く微調整することは簡単にできるんです。

私が一貫してお伝えしている「将来を見すえて今、何を指導・支持するのか」。

これは就労のみならず進学、学力などの面でも必須になってくることなのです。

私は、現在愛知県の江南市内で明蓬館ＳＮＥＣ高等学校愛知・江南（グロー高等学院）という通信制高校の学院長をしていますが、毎週のように保護者が相談にかけつけます。小学生や園児の相談も非常に多いです。将来を見すえた相談が継続的に受けられる場をもつことが大切です。

第4章 進路について

32 いつから進路について考える必要がありますか？

答えは、生まれたらすぐに。ゼロ歳の時から考える必要があるんです。

定型発達の子どもは、中学三年生になってから考えればいいんです。

なぜなら、力があるから、将来の選択肢がいっぱいあるんですね。

誤解してはいけないのは、特別支援が必要な子というのは「できない」のではなく、「身につけるのに時間がかかる」ということなんです。たとえば、定型発達の子が一年で身につくことが、三年または、五年かかるんですね。

よく「発語が遅れる子」がいますが、大人になってまで発語がない子というのは意外と少ないのです。どこかの段階でそれなりの発語が出てくるケースが多い。ということは、早いうちから発語後の準備をしておく必要があるということなのです。

先ほど、特別支援学校高等部には高卒資格がないとお伝えしましたが、多くの保護者の方は、お子さんが小学校の高学年の時、あるいは中学校でその事実に気づくことが多いんです。

でも、特別支援学級から通常の学級に変わるプロセスを考えるとしたら、まずは体育や図工や音楽を通常の学級でやる。続いて理科や社会の実験を屋外でやる時に参加する。次は理科、社会を教室で受ける。今度は国語、算数も通常の学級で受ける、併せて、給食当番や掃除、朝の会もやるというように。

これらがすべて通常の学級でできるようになるまで、短くても三年はかかる。順番にやろうと思ったら、場合によっては五年かかる子もいるんですよ。

つまり、特別支援学級から通常の学級に戻そうと思って、五年前から考えるとすると、逆算して小学校一年生から考えなければいけません。

小学校一年生の段階で、卒業する時は、特別支援学級のままでよいのか、通常の学級に戻すのかによって、小学校一年生時からの交流学級のあり方や支援内容が大きく変わってくるわけですね。

ところが、ほとんどの先生がこう言うんです。

「そんな先のことはまだいいじゃないですか」「お母さん、一年生では学校に慣れることがまず大事ですよ」「今が大事なんです」

これが実はダメなんです。その先生、一年経ったらいなくなるんですから。

皆さん、三月末に別れる彼氏に四月以降来年度のデートを約束しますか？

しませんよね。それと同じです。

この先生、仮に二年間担任だったとしても四年後の小学校卒業時にはいないわけですね。

いなくなった後でも、「通常の学級に戻る、この子の将来の進路のことを指導してくれますか？」

ということなんですね。

これは、保育園に行ってもしかり。保育園の先生は現在の自分が大変だから「加配をつけましょう」と話します。

でも、小学校では基本、その子のためにだけ加配がつくことはないのですね。保育園で加配をつけることが悪いとは言いません。加配をつけるなら、卒園するまで加配をつけるのか、途中で加配を外すようにするのかによって、特別支援学校になるのか、通常の学校になるのか、後々進路が変わってくるのです。

保育園の先生は「これからも加配がついたほうがよい」と言うでしょう。けれど、ずっと加配がつくとしたらどうですか？

加配がつけられない通常の小学校では、特別支援学級であっても担任は原則一人です。

それならば、「特別支援学校へ行ってください」と言われてしまうんです。

たとえば、幼稚園の年長の最後になってから、あわてて「加配を外してください」とお願いしても、それは難しいのです。

常に数年先、できれば五年先を見すえて今の支援のあり方を考えてください。

つまり、ゼロ歳で生まれた時から、園はどうするのか。園に入った時から小学校はどうするのか。小学校に入った時には中学校どうするのか。小学校の高学年になったら、中学校卒業時は、特別支援学校高等部に行くのか。それとも高校にするのか……。

高校に入学した時には、卒業時は、さらに進学させるのか、就職させるのか、それとも就労移行にするのか。

常に五年ぐらい後の先の先を考えながら、人生のロケットの打ち上げ角度や軌道を調整していく、周囲の人たちと一緒に継続的な相談を続けながら療育していくことが大事になってくるわけですね。

詳しくは前著の『特別支援が必要な子どもの進路の話』（ＷＡＶＥ出版刊）をご覧ください。

Q33 進路は保護者が決めてよいのですか？

はっきり言います。答えは「ＮＯ」です。

私は、人生の中で三つ、子ども自身が決めなければいけないことがあると考えています。

それは、一つ目が「進路」。二つ目が「就職先」。三つ目が「結婚相手」です。

この三つだけは、原則、保護者が決めてはいけません。本人が決めるものです。

なぜなら、うまくいかなかった時に保護者のせいにされますから。

無理に保護者が言ったことをやらせると、うまくいかなかった時は必ず保護者のせいにされます。「僕は行きたくなかった」「お母さんがあの学校へ行けといったから、俺はこんなになったんだ、俺の人生を返せ！」みたいに。

としたら、「あなたの好きにしたらいい」と言うのもダメなんです。

こういう子たちに「好きにしていいよ」と言うと、「僕、ユーチューバーになる」とか「フリーターになる」と好き勝手な夢が返ってきます。

では、どうすればよいか。

答えは、「子ども自身に選択させること」です。

「選択する」ということは、「自分で決める」ということでしょう？

ですから、うまくいかなかった時にも「あなたが自分で選んだんでしょう？」と、保護者として言えますよね。そして、選択肢は三つぐらい与えてあげるとよい。多くもなく、少なくもなく選びやすい。

保護者の目から見てわかりますよね。子どもに合うものかどうかということを。

その子に合う選択肢を三つぐらい用意して、「この場合はこうなる」「この時はこういうよいことがあるけど、一方でこうなるよ」「じゃあ、あなた、選んでごらん」のような、そういう決め方をさせるのです。

つまり、選択させる時のポイントは、「メリット、デメリットを事前にちゃんと教えてあげる」ということです。発達に凸凹がある子は、様々なタイプの凸凹がありますが、結構「自分でやる」と言ったことは、やるものなんですよ。その特性を活かすわけです。

さらに、その見通しがなかなかもてないという場合は、保護者がさらにしっかり支援を加えてください。具体的な例として紹介しましょう。

たとえば、お子さんが「通常のクラスに戻って通常の高校へ行きたい」という場合、選択のさせ方はこうです。

「仲良しの友だちや好きな女の子と一緒に行けるからね。それはすごいメリットだよ。けれど、あなた、毎日行ける？　高校って欠席が多いと留年だからね。さらにテストの点が一定の点数取れないと、補習で留年だからね。今、あなた通知表オール一だよ。これ、中学だから学年上がれるけど、高校に行ったら留年しちゃうよ。いや、それでもあなたが頑張るっていうならいいけどね」。

また、「僕は通信制サポート校でいい」という場合。

「通信制サポート高校は少人数で丁寧に教えてくれるから素敵だよ。だけど運動会はないよ。部活もないよ。それでもいい？　生徒みんなで何かやることはほとんどないけど、それでもいいの？」等々。

このように、選択肢のメリット、デメリットを具体的に詳しく伝えた上で、本人に選ばせるという「進路の決めさせ方」「就労の決めさせ方」をしてあげてください。

34 特別支援学校ではなく通常の学校に通わせたい

前述しましたが、ここではより詳しく解説しましょう。

特別支援学校には原則担任の先生が二人います。しかも、ほぼ特別支援が専門の先生です。

通常の学校は特別支援学級でも通常の学級でも先生は原則一人です。もし通常の学校に通わせたいなら「身辺自立」が必須です。先生一人の手を煩わせずに身の回りのことを自分だけでできることが一番重要になります。

三大自立といわれる「トイレの自立」「食事の自立」「着替えの自立」は特に大切です。三つともできると本当はよいのですが、今は特別支援学校の定員がいっぱいなので、一つぐらいできなくても入れさせてもらえる場合もあります。しかし、最低二つは達成できていないと難しいです。

また、教育委員会のほうから「特別支援学校にしてください」と言われるかもしれませんが、実はこうした件で過去、裁判があったんです。

教育委員会が特別支援学校に入学させようとする働きかけに対し、「通常の学校に入学させるべき」とした親が、教育委員会を相手取って裁判を起こし、その親が勝ったという例がありました。

つまり、教育委員会がお子さんの判定を出しても、最終的には親の希望に合理性があれば、それに沿うように、判例に倣う傾向が出てきたのです（※平成二一年に関西地方であった判例）。

※「平成二一（行ク）第四号、平成二一年六月二六日、奈良地方裁判所（平成二一年六月二六日」

参考：https://www.courts.go.jp/app/hanrei_jp/detail5?id=38524

以来、教育委員会としてはお子さんの判定は出すけれど、親の判断を尊重するようにという流れができているのも事実です。

保護者がどうしても通常の学校に通わせたいなら、きちんとした理由とともに学校に話をすれば、通常の学校に通わせてくれる可能性もあります。

ただし、先ほどの三大自立のうち、一つぐらいできないならまだ問題は少ないのですが、おむつは外れてない、食事は手づかみ、着替えもできないような子が入学してきたら、実際に指導を行なう担任をはじめとした学校関係者は困ってしまいます。

その時は、教育委員会からこう言われます。

「お母さん、仕事を辞めてこの子の横について手伝ってください」と。

お母さん方はよく「保育園でも加配がついていたので、小学校でも加配をつけてください」とおっしゃいます。

しかし、そのためにいくら教育予算が必要なのか知っていますか？

講師やサポーター一人に対して、年間で約一〇〇万円近くかかるんです。

その内訳は子ども一人に先生一人を加配、サポーターでつけると、一カ月で約一〇万円かかる。年間で一〇〇万円近く払わなくてはいけない。

私は教育委員会に勤務していたのでわかるのですが、子ども一人に一〇〇万円を出して指導者を新たに一人雇う余裕は各教育委員会にはありません。

ですから、「お母さんがそこまでおっしゃるなら、お母さんが学校でお子さんの横について、おむつを替えてください」と言われるのも納得できますよね。

私の知るある保護者は、お子さんのことで、同様のケースがありました。

このお母さん、私と話している時にこうおっしゃった。

「入学する時には散々お願いしたのですが、山内先生、ようやくわかりました。二年前からこれをやっておけばよかったんですね。私が二年前から園と連携を取って、早期から児童発達支援などの療育も行ない、この子自身がしっかりと身辺自立ができるようにしていれば、小学校入学時から問題なく、私が仕事を辞めて横につかなくても通常の学校でやれたんですね」

そう、その子は小学校三年生に上がる時におむつも外れて、手づかみも止めて、着替えもできるようになったんですね。

ちなみに、そのお母さん、保育園では加配頼みで、ずっと仕事を続けていました。お子さんのおむつも外れないままに。その間、加配の先生がおむつを替えていた。すべて園まかせだったのです。

「お母さん、ここで気づいてよかったですね」と私はそう答えましたが、本当にそのお母さんの言われる通りなんですね。

ですから、通常の学校に通わせたいなら、年長になってからでは遅いのです。

小学校入学の三年以上前から考えておく。園だけではなく、児童発達支援の療育などにも通ったりしながら、自分のことは支援がなくてもしっかり子ども自身が一人でできるようになる準備をしておくことが大切なのです。

Q35 特別支援学級から通常の学級に変わるのは、いつの時期がよいですか?

私は小学校五年生が一番よいタイミングだと考えています。

その理由をいくつかお話ししますね。

保護者の中には、三年生から変えたいという人が多くいます。

それは、理科や社会の科目が新たに始まるし、算数も本格的になってくるからという理由です。

ですが、欠点があるんです。一番、いじめが露骨になるのは三年生からなんです。まさに、ドラえもんのジャイアンとスネ夫の世界です。

小学校一～二年生までは、「友達一〇〇人できるかな」でみんな仲良しの世界です。ところが、三年生ぐらいになると、「あの子は誕生日会に呼ばない」、男の子だと「あいつはドッジボールに入れない」なんて言う子が出てくる

そんな時、真っ先に仲間外れにされるのが、特別支援が必要な子どもたちなんですね。

それが五年生くらいになるとね、少し変わってきます。

「あの子ちょっと嫌だなー」と思っても、宿泊の部屋を同じにするとか、「この子嫌だなー」と思っても、グループの中に入れてあげるとか。

つまり、三年生の時のように、露骨に口で言わなくなるのです。

それに、もし五年生で学級担任との関係が失敗しても、まだ六年生があるでしょう?

二回チャンスがあるんです。

それなのに、六年生で通常の学級に変わると、どうなりますか？　後のチャンスはありません。

六年生で失敗すると、中学校から通常の学級という選択は厳しくなるのです。

ですから、私はそういう意味でも、一年～四年生まで、しっかりと通常の学級との交流を増やしながら、五～六年生の二年間で慣れさせる。

さらに、です。

小学校の先生はよく「中学校に入ってから通常の学級にすると切りが良いんじゃないですか？」と言います。

これは危険です。

なぜかお話ししますね。

小学校は七七人に一人が不登校※なんですが、中学校になると二〇人に一人になる。不登校が約四倍になるのを知っていますか？

ではなぜ、中学生だと不登校が四倍になるのか。

まず、先生が毎時間変わって、言うことが違う。小学校では宿題が毎日少しずつ出ていたのが、中学校は宿題がまとめて出る。さらに学習内容が難しくなる。

そして、部活動があり、上下関係、人間関係も複雑になる。

これらのことが中学一年生から急に一度に起きてきますから、毎日通えている子ですら、不登校になってしまうわけです。ましてや、中学で特別支援学級から通常の学級に戻すなんて、さらに負荷をかけたら潰れるに決まっているじゃないですか。

私は、教育において、ギャンブルはするべきではないと考えています。

ベストは、小学校五年生で通常の学級に戻ることをお勧めします（当然ですが、子どもの実態に応じて前後することはあります）。

※「文部科学統計要覧令和三年版」および「令和二年度 生徒の問題行動・不登校等生徒指導上の諸課題に関する調査結果の概要」

36

特別支援学級への転籍を勧められています。どう対処するとよいですか？

通常の学級から特別支援学級に変わる時、まず注意していただきたいのは、その後、また通常の学級に戻す可能性があるかどうかという点です。

皆さん、離婚した旦那さんともう一回結婚できますか？

法律上はできるかもしれません。実際にテレビに出ているタレントさんの中にも、離婚した奥さんと再婚してうまくやっている方がいます。しかし、それは大変まれな例です。多くは難しいのです。

では話を戻します、通常の学級がダメで特別支援学級に行った子が、また通常の学級に戻れるでしょうか？

通常学級が無理だったから、特別支援学級に行っているわけですよね。

お母さんは簡単に考えすぎています。特別支援学級に行った子が通常に戻るということを。

通常の学級から特別支援学級に替わるということは、実は保護者の皆さんが思う以上に重みがあることなのです。

学校としては通常の学級から特別支援学級へ転籍するということは、「もう通常には戻らない」

と原則考えています。それが嫌なら始めから特別支援学級に行かないほうがよいでしょう。

一〇〇歩譲って戻りたいと望むのなら、戻る約束を始めから学校としておくことが重要です。通常の学級に戻る約束をして、将来の見通しをもって特別支援学級に転籍させないと、とんでもないことが起きることがあるのです。

理由をお話ししますね。

特別支援学級に行った後に通常の学級に戻るまでに、実際は何年かかると思いますか？

一年では無理です。一般的に早くてもだいだい三年ぐらいはかかります。

「特別支援学級に行っても、通常の学級に戻れます」と言ってくれた先生は、残念ながら、まず三年後はその学校にはいないケースがほとんどです。誰も口約束を覚えていない。だから、「言った」「言わない」のトラブルに発展することがあるんです。

ですから、通常の学級にまた戻したいと望むのであれば、教頭先生なども交えながら、「特別支援学級には行くけれど、また通常に戻る」という約束を学校側とすることが大切になってきます（私は、学校が作成する記録として残る「個別の支援計画」という紙に明記してもらうことをお勧めします）。

その見通しを始めからもって転籍させないと、先生が替わってしまった後で「あの時、そう言ってくださいましたね」と話してもトラブルになるだけなのです。

「今、大変だから特別支援学級にしよう」という目先の発想や支援ではダメで、ちゃんと先の見通しをもって特別支援学級に入れるならＯＫです。

現在は、特別支援学級に在籍しながら、進学できる特別な高校（通信制サポート高校ほか）など、中学校卒業後も様々な進路がありますから。

37 特別支援学級から通常の学級に変わらせてあげたいのですが

「何のために通常の学級に戻す必要があるのか」ということをよく考えてください。

前述しましたが、通常の学級へ行かせる目的とは、将来、中学校で１～５の通知表をもらい通常の高校に進学させたいから行かせるわけですね。

子どもが、集団生活が苦手で、特別な高校や少人数で対応してくれる私立高校がよいと思っているなら、始めから通常の学級に無理して戻す必要はないんですよ。

まずは、中学三年生まで通常の学級で、みんなと同じ高校に行って三年で卒業できるかを考えてみてください。

「ウチの子、ちょっと難しい」と思うのなら、通常の学級に転籍する必要はありません。厳しい言い方ですが、親のエゴでないかということを点検してください。「子どもに合った進路」という考え方が最も重要と考えます。

そうしないと最終的に苦しむのは子ども自身なのです。

前の質問でもお話ししましたが、たとえば、特別支援学級から通常の学級に行ってダメだったらどうなるか。（不登校等になってしまうなど）

この場合、もう一回、特別支援学級に再転籍することになるわけです。

特別支援学級から通常の学級に転籍して、また特別支援学級に再転籍した子どもは、身も心もボロボロになり自己肯定感も本当に低くなってしまう。実際にそういう子も少なくないわけです。

たとえば、浅いプールで泳いでいた子が、早いうちに深いプールへ行っておぼれたらどうなるでしょうか？

もう二度と深いプールには行きたがらなくなってしまうでしょう。

確かに、特別支援学級から通常の学級に戻るっていうことは素敵なことだけど、これは基本的に一発勝負で、チャンスは一回と考えてください。

ここで、一つアドバイスです。

通常の学級というのはいろいろな人がかかわっています。

だから、親だけで判断しないで欲しいのです。

というのは、ぜひ紹介したいのは、「多数決の理論」です。

子どもにかかわる周りの様々な人から助言を受けるのです。

たとえば、おじいちゃん、おばあちゃん、お父さん、お母さん、担当医、療育センター、児童相談所、担任の先生、塾の先生、スイミングの先生、放課後等デイサービスの先生、ピアノの先生、全部にこう聞くんです。

「ウチの子、通常の学級に戻していいと思いますか？」と。

なぜだかわかりますよね。五、六年生になると、音楽だけ別の先生が担当したり、中学になると、授業は全部違う先生になったりしますよね。

ですから、ウチの子にかかわる多くの大人に聞いてみて、「通常の学級のほうがいいんじゃない？」という答えが多かったら、私は行かせればよいと思うのです。

でも、両親とおじいちゃん、おばあちゃんは通常の学級に行かせたいと言っているけれど、担当医も学校の先生もピアノの先生も放課後等デイの先生もスポーツ少年団の指導者も、「ちょっと早いんじゃない？」との答えだったら、やめたほうがよくありませんか？

それはなぜかというと、たくさんの子や馴染みのない多くの先生たちとかかわるのが通常の学級だからです。親の焦りとかエゴで通常の学級に戻すというのではなくて、「本当に今の時期に通常の学級に転籍してよいのか」ということを、多くの人から、様々な視点からジャッジしてもらうのであれば間違いが少なくなると思うからです。

Q38 通常の学校に通っているが、特別支援学校への転校を勧められています

これは、相当指導が大変な子ではないかと推測します。

これを言われたということの重みを感じてほしいと思います。

皆さん、結婚する時に、一応、永遠の愛を誓いませんでしたか?

しかし、実際結婚してみたら……。

何が言いたいかというと、学校の校長先生って本当に良い人が多いのです。障害の重い子でも、通常の学校で引き受けたら基本的に六年生までは面倒を見ると腹をくくって入学させているからです。

ましてや、自分が校長を務める学校へ入学してきたわけでしょう?

中学からは特別支援学校かもしれませんが。少なくとも小学校卒業までは引き受ける覚悟がある。そこはお母さん方も信じてほしいと思います。

ところが、途中で「特別支援学校のほうがよいのではないか」と言われたということは、はっきり申し上げて、学校や先生がギブアップしている状態なのです。

「お母さん、ウチの学校としてはもうやれない」と。

私としては、ここが問題だと思うのです。

お医者さんも言ったりしますよね。「ウチでは手の施しようがありません」と。手の施しようがないと言っている医者に任せて治りますか?

通常の学校に通わせたいという親の気持ちは痛いほどわかります。

校長先生本人が、実際にこうした内容を言ったかどうかは確かめたほうがよいと思うのですが、恐らく、担任レベルでは言えない話だと思います。

校長先生や教頭先生から「特別支援学校のほうがよいです」と言われたなら、「お母さん、ごめんなさい。ウチの小学校ではもうできることはないし、もう伸ばしてあげられない」という意味だということになります。

だから、この学校に無理して通っていても、何もよいことはないでしょう。

もし、お母さんがここで頑張って「もっとウチの子にこんなことをやってください」と話しても、「だから、お母さん、特別支援学校にしなさいと言ったでしょう」と言われ、対応もおざなりになってくるかもしれません。

特別支援学校への転校をもし勧められたら、先生たちはどういう部分でギブアップされたのか、その理由をしっかり聞いてほしいと思います。

いろいろ厳しいことをお話ししましたが、かといって落ち込む必要はありません。特別支援学校には特別支援専門の先生が多くいます。特別支援学校のメリットを冷静に受け止めて、将来の進路の可能性も考慮し、判断してください。

Q39 通常の高校から通信制サポート高校などに編入できるのですか？

編入は可能です。ただし、通信制サポート高校から通常の高校への逆の編入は簡単にはできません。

通常の高校は一般的に約一〇〇単位で卒業ですが、通信制サポート高校は七四単位で卒業できます。通常の高校はたくさん勉強して単位を取っているので、通信制サポート高校に変わることが比較的安易にできるのです。

しかし、通信制サポート高校は七四単位と少ないので、単位数の多い通常の高校に編入することが難しいんですね。できたとしても、三年間での卒業は困難となります。

通常の高校から通信制サポート高校へ編入する際、一番気をつけていただきたいのは編入する時期です。

まず、通常の高校で一年間は頑張ってほしいんです。一年頑張ると、通常の高校で学んだ単位を通信制サポート高校に移すことができるのですね。

ですから、通常の高校へ行ったなら、一年、二年というように、年度の節目まで頑張ると、編入した時に単位数がそのまま引き継げるというわけです。

しかし、多くのお子さんは一年生の六月〜七月頃になると、学校に行けなくなったり、授業についていけなくなったりしてしまうんですね。

実はこの時期が編入のラストチャンスになる。

いいですか?

先ほどお話ししたように、通信制サポート高校って単位数が少ないでしょう?

もし、七月に通信制サポート高校に変わったとしても、残りの八月から翌年三月末の期間で一年分の単位の勉強ができてしまうんです。

ところが、七月で不適応を起こした子に、「どうする?」と聞くと、だいたいの子は「二学期から頑張る」と答えます。

そう言われると、保護者の皆さんとしても入学金がもったいないし、制服ももったいないから、「うーん、じゃあ、二学期から頑張りなさい」ということになってしまうんですね。

そして、一一月ぐらいになると学校に呼び出されて、「お母さん、こんな点数では進級できませんよ、このままでは留年です」と言われてしまう。

二学期に編入できたとしても、一二月から三月までの四カ月では残りの単位を取ることは無理です。となると、卒業が遅れてしまうわけです。

ですから、一年頑張って単位を引き継ぐか、七月頃までに早めの編入を決断するか、どちらかのチャンスをねらってください。

また、編入する通信制サポート高校ではお子さんの出席や単位の引継ぎについて調べてくれる場合もありますから、その際は事前に希望校に相談されることをお勧めします。丁寧に対応してくれるはずです。早めの相談がポイントです。

Q40 「知的支援学級」と「自閉・情緒支援学級」の違いを知りたい

芸能界でも、吉本興業に入るのか、ジャニーズ事務所に入るのかによってその後の活躍が全く違いますよね。レッスンの中身も違います。吉本はお笑いの練習をするし、ジャニーズはボイスレッスンやダンスの練習をしますね。

特別支援学級もそうなんです。同じ特別支援学級でも「知的支援学級」と「自閉・情緒支援学級」では全く違うんですね。

何が違うか、具体的にお話ししますね。

知的支援学級は、「生活単元」という、その子に合った勉強をするのが特徴です。知的に遅れがあるから、その子に合った勉強をするんです。

だから、ストレスがありません。九九ができなければ先へは進まず、六年生でも九九を勉強します（一人ひとり違った目標で学びます）。

ただし、欠点があります。中学校卒業後は、特別支援学校高等部へ進学する生徒がほとんどです。

勉強が遅れます。ですから、知的支援学級の子の多くは、特別支援学校高等部へ進学する生徒がほとんどです。

一方、自閉・情緒支援学級には「生活単元」がありません。

なんと、基本的にその学年の内容の勉強をするんです。ただし、椅子に長く座れなかったり、感情がコントロールできなかったりする子も多いので、ソーシャル・スキル・トレーニングといった自立活動の訓練を特別に加えて行なったりするんですね。

ですから、自閉・情緒支援学級は一般的に勉強の進度が通常の学級と比べても遅れないので、ほとんどの子どもが特別支援学校高等部ではなく、高校へ進学して行きます。

要は、小学校一年生で知的支援学級に入るのか、それとも自閉・情緒支援学級に入るのかによって、将来、特別支援学校高等部のレールに乗っているのか、それとも高校のレールに乗ったのかということが実はだいたい決まってしまうんですね。

ただし、例外があります。

先ほど紹介した通信制サポート高校であれば、面接だけで最低限の学力で入学できます。私が携わる通信制サポート高校では知的支援学級の出身の子が何人も在籍しています。もちろん、三年で卒業できる見通しも持てています。

ですから、このレールが絶対というわけではありません。

多くの学校の先生は総じて〝知的支援学級の子は、勉強がゆっくりだから特別支援学校高等部へ〟〝自閉・情緒支援学級の子は高校へ〟というように捉えがちです。我が子はオンリーワンです。しっかりと将来を見すえた我が子に合った進路相談を早期から行なっていってください。

将来、お子さんを知的支援学級から高校に行かせたいと思うなら、小学校一年生の初めのうちから、目指す進路を先生にしっかりと伝えておくこと。

それを忘れていると、いつまでたってもひらがな練習とか、繰り上がりのないたし算ばかりで、勉強がどんどん遅れていってしまう。

これも絶対とは言いませんが、知的支援学級から通常学級に戻る子というのは、ものすごく例が少ないです。ただでさえ、勉強が遅れがちなので。

一方の自閉・情緒支援学級は勉強が遅れないので、通常学級に戻りやすいのです。

ですから、私がお勧めしたいのは、小学校入学時、グレーゾーンで知的障害なのかよくわからないという場合は、まず自閉・情緒支援学級に入れたほうがよいと思います。

ただ、地域によっては特別支援学級が増え過ぎてしまって、知的支援学級と自閉・情緒支援学級が混ざり合っている学校もあるんです。

たとえば、横浜市や川崎市などがそうです。

だから、各学校の特別支援学級の特徴や中身をちゃんと調べてから入れるということが大事になります。

中には、「特別支援学級に一度入ったら、通常学級には戻すことはしていません」という学校もあるので注意してください。

41 「通級」と「交流」では何が違うのですか？

通級と交流について知らない保護者の方が多くいらっしゃいます。

「通級」というのは、「通級指導教室」のことです。

通常の学校の中にいる課題のある子が、週に一〜二時間だけ個別に専門の先生から特別支援を受けるというものです。だから、在籍しているのは通常学級なんですね。

一方、「交流」というのは何かというと、在籍は特別支援学級なんです。

特別支援学級に在籍しているのですが、たとえば「体育と音楽だけ、通常学級に行く」というのを「交流」と言います。

私がお母さん方から相談を受けていて「ウチの子、通級しています。国語と算数だけ、特別支援学級にいます」とおっしゃる方がいます。

ちょっと待って！　国語と算数は一番主要な勉強でしょう？

国語と算数が特別支援学級ということは……。

「お母さん、籍はどっち?」と聞くと、「わからない」と答えます。

私からすると「えっ? それダメよ」と言いたい。だって、結婚していて「籍が入っているかどうか、わからない」なんてありませんよね。

お子さんの籍が通常の学級にあるのか特別支援学級にあるのか、どっちにあるかは非常に大事なことです。

繰り返しになりますが、通級というのは、通常の学級に籍があります。

交流というのは、特別支援学級に籍があって、可能な科目だけ通常学級と交流します。

先ほどのお母さんの相談で「国語と算数だけ、特別支援学級です」という場合は、まず籍は特別支援学級に置かれています(必ず確認してください)。

交流は、低学年の頃は、体育や図工、音楽、生活だけ交流する場合が多い。

それから、三、四年生でどうなるかというと、大体、理科・社会も特別支援学級になってしまいます。なぜなら、国語・算数が特別支援学級ということは、読んだり書いたりすることが苦手ということからです。

とすると、理科の実験だけ、社会見学だけを交流するというケースもある。また、テストを受ける時だけ特別支援学級というケースもある。その子によって、また、学校の教育体制によって交流の中身は様々です。

現在、特別支援学級に籍があると、通常のクラスへの交流の時間が制限されているという話をよく聞きます。これは、実態に合わない、型式だけの特別支援学級に在籍している子どもたちがいることに対する文部科学省の指導です。

実際は、各学校内でお子さんの実態に応じて柔軟に校長が対応しているケースがほとんどです。今後の見通しを明確にもち、話し合いの場をもって、その子に合った交流のあり方を決めていってください。

第5章

どんな力が必要になるのか

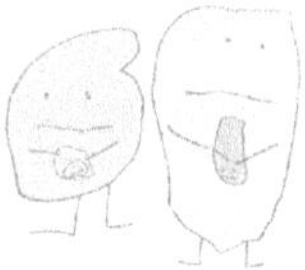

42 そもそも家庭や学校以外の場所で療育をする必要があるのですか？

現実には特別支援学校高等部で頑張った子でも、将来三人に一人しか働けないという実態があると前述しました。

逆になぜ、特別支援学校高等部では頑張れたのかというと、長年一緒に過ごした気心の知れた仲間、そして自分のことをよく理解してくれた先生の元だから、作業などを頑張ることができたたんです。

ところが、実際に社会に出て働くとなると、誰も知らないところに突然一人で放り込まれることになる。

しっかり就労訓練を受けた特別支援学校高等部の子といえども、誰も知らないところへ卒業後に突然一人で行って、不慣れな上司から、あれやれこれやれと言われてもなかなか思うように動くことができないのです。

つまり、保護者が望んでいる、将来自立して生きて行く力というのは、外の世界に行ってできて初めて、本物の働く力になるということなんですね。

ですから、よくあるケースで家ではトイレに行けるけど、外では行けないということがある。

これではダメなのです。「外の世界でできる」ということが大事なんです。

私が子どもの頃というのは、子どもがたくさんいて、ちょっと家から出ればいろいろな学年の子と一緒に遊んだり、時には通りがかりの知らないおじさんから叱られたりするような、そんなコミュニティが多くあったんですね。

しかし、今は子どもの数がどんどん減っていき、いろんな人たちと混ざり合う経験がないまま社会に出て、「僕はこんな風に叱られたことはなかった」とか、「こんなことを言われたことはなかった」と言って、会社を辞めてしまう若者も多いのです。

つまり、昔だったら放っておいても家の周りであったコミュニティを、今は意図的に創っていかなければならない時代になってきたということです。現代は、動画サイトとか、ゲームのように、一人で家の中で楽しむものが増え過ぎたこともあります。

だからこそ、特に特別支援が必要な子というのは、意図的にいろいろな人たちとかかわるような環境を創っていかなければならないということなんですね。

その場所とは、公文などの塾のようなところでもよいし、スポーツ少年団でもよいし、ピアノや習字のような習い事でもよいし、放課後等デイサービスでもよい。どこでもよいと思うのです。

特別な支援の必要な子というのは好き嫌いが明確な傾向があるから、まずは本人の興味のあるところ、関心の高いことから、いろいろな子どもたちや大人たちとかかわれるようにしたほうがよいと、私は考えています。

ですから、「子どもの療育は家でできます。学校でできます。だからよいでしょう?」ではなくなってきている。最後の最後に大きなコミュニケーションの壁にぶち当たってしまわないように、今から「外でできる力」を意図的に育んでいきましょう。

43 子どもが将来、自立して生きていくためには何が必要ですか?

昔は「知的能力」が第一と思われていました。つまり、学力中心の考え方です。今は違います。医学的にもその認識が覆ったのは、二〇一三年に改訂されたDSM－Vという診断基準が出されたことにあると私は考えています。

従来は、知能指数を中心に測って、その結果をもとに療育手帳の発行基準として考えていたものが、今は「適応能力や社会性」も重視されるようになってきた。ようするに、「知的能力」と「適応能力と社会性」の両方が大事であるという考え方に変わったんですね。

現在は特に、学力や学歴よりも適応能力や人間性、社会性のほうが重要視されるようになってきているんです。

このところ、秋葉原で車が突っ込んで人をはねた事件や、東海道新幹線内で人を刺した事件、大阪でガソリンをまいてお医者さんや他の患者さんが亡くなった事件など、凄惨な事件を起こす犯人が増えました。これら事件の犯人の多くは、何らかの精神疾患がある人たちですが、全員知的な遅れはないのです。

実は、犯罪率において、知的に遅れのある人たち、発達障害の人たちと、定型発達の人たちで、さほど差がないということを知っていますか？

皆さん、知的障害や発達障害のある人は犯罪率が高いように思っているようですが、実はほとんど変わらないんですよ。

ところが、発達障害の子たちというのは、ちょっと変わった事件を起こす。だから目立ってしまうわけなんですね。

ですから、一番大切なのは知的能力じゃないんです。みんなと同じように生きて行く力があるのか。適応能力や社会性というものをこれからは重視してほしいということです。

なお、これらの適応能力や社会性に関しては、「ヴァインランドⅡ」や「S－M社会生活能力検査」「ASA旭出式社会適応スキル検査」等で測定することが可能となっています。

Q44 知能検査は必要ですか？　どんな種類がありますか？

車のメーカーにもトヨタや日産、ダイハツなどがありますが、同じ自動車であってもメーカーによって個性や特徴がありますよね。

たとえばトヨタと言ったら、ハイブリッド。ダイハツと言ったら、軽自動車のように。

知能検査にも実はいろいろな個性や特徴があります。

国内で一番ポピュラーな検査の一つが「田中ビネー」です。

検査名の由来は「ビネー」というフランス人が世界で初めて行なったと言われる知能検査。このビネー検査を日本語に訳して輸入したのが田中寛一先生だったので、「田中ビネー」という名称になりました。国内では、この田中ビネー検査の結果を踏まえて障害者手帳（療育手帳）の発行をすることが多いようです。

ただし、結果の読み取りに注意点があります。それは、他の知能検査に比べて知能指数の数値が高めに出る傾向があるということです。

二つ目は「ＷＩＳＣ」です。

このウィスクという検査は現在中心に使用されている「ＷＩＳＣ－Ⅳ」から最新版の「ＷＩＳＣ－Ｖ」まであり、特に小学校入学以降から中学生までの子どもの知的能力を調べる時に使われる検査です。

こちらも結果の読み取りに注意が必要です。知能指数の数値が他の知能検査の結果に比べて低く出やすい傾向があるということです。

この二つの検査の知能指数が高めに出たり、低めに出たりする違いから、よく問題が発生するので特に保護者の皆さんには気をつけていただきたいです。

それは、WISC検査がよく使われるケースとして、通常の学級の学習について行けなくなった子に対して検査が行なわれ、「知能指数が低いから、特別支援学級に転籍しましょう」というような判断材料になる場合があるのですが、いざ中学校に進学して「特別支援学校へ行くので手帳を取りに行ってください」という段階になると、知能指数が高く出やすい田中ビネーをやることになって、「知的能力は高くはないけれど、手帳を取るまでもない」「障害者手帳（療育手帳）は出ません」ということになるケースが結構多くあるんですね。

そうすると、「手帳がないから特別支援学校高等部に進学できない」。かといって、特別支援学級在籍で学習が遅れているために、「学力が十分身についていないから高校へは行けない」といって、中学校卒業後の進路に困ってしまうことになるのです。

だから私は、一つの知能検査だけで、安易にその子の知的能力を判断するというのは危険だと思います。

ここで新たに紹介したい知能検査が「新版K式」という検査です。

なんと、0歳からできる対象の広い検査です。

この検査名のKは「京都式」という意味を表します。

ビネーもWISCも海外の検査ですが、この検査は京都で生まれた日本製。京都大学出身者の研究者たちが中心となって創った知能検査なんですね。

もし、この子には田中ビネーやＷＩＳＣの検査は難しいと言われたら、あきらめてはダメです。この新版Ｋ式を使えばよいのです。

私が住む東海地区では、小学校に上がる前は新版Ｋ式、小学校に上がったらＷＩＳＣ、障害者手帳を取る時は田中ビネーというような使い分けをしています。全国的にもこの傾向はあるように思います（京都を中心とした関西方面では障害者手帳の発行の時も新版Ｋ式を使うことが多い傾向があります）。

知能検査は1〜2時間必要で、予約して心理師（士）などが行なう

そして、最後に紹介するのが、「Ｋ－ＡＢＣ」です。「Ｋ－ＡＢＣ」の検査の特徴は、二つのことが一緒にできるかを見る「同時処理」とプラモデル作りのように物事を順番にやっていける力があるかという「継次処理」という力をみることに長けた検査です。
ですから、このＫ－ＡＢＣという検査は、お子さんの就労前に一度行なってみるとよいかもしれません。なぜならば、二つのことを同時にやれるか、物事を順番にやれるか、ということは就労する際、非常に重要な内容になるからで

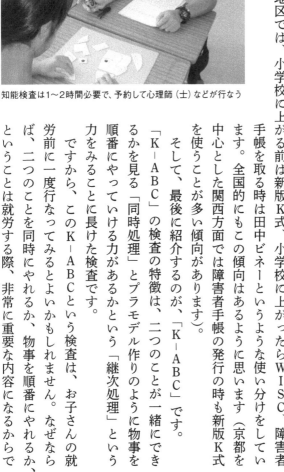

す。職業選択の資料になると考えています。

皆さんも車を買う時に、車だったら何でもいいわけではありませんよね？「こういう用途で使いたいから、こういう車が欲しい」というように、知能検査も同じであると私は考えます。

ですから、病院などで「はい、この知能検査をしますよ」と言われるがままではなく、むしろお母さんのほうから「ウチの子は通常学級で適応できなくて、特別支援学級に行きなさいと言われたので、ＷＩＳＣをやってほしい」とか、「障害者手帳が取れるかどうか知りたいので田中ビネーをやってほしい」と目的に応じて検査の種類の希望を言ってもよいと思いますよ。

目的や用途に応じて知能検査を使い分けるということの重要性。

私のような心理の専門家だからこそお伝えしたいと思ったのです。

Q45 知能検査は毎年受けることが必要ですか？

特に必要性がないのならば、毎年知能検査を受ける必要はありません。

知能検査というものは、基本的に一年以内に繰り返し行なってはいけないという約束があるんです。

なぜかというと、子どもが検査内容を覚えてしまうから。

私は、同じ検査は二年に一回行なう、つまり、二年ごとにやるぐらいがちょうどよいと思っています。

その一方で、効果的な検査のやり方があるのでお伝えしますね。

それは「バッテリー検査」といって、二つの種類の知能検査を交互に受ける方法です。

先ほど、田中ビネーは知能指数の数値が高く出る傾向があり、ＷＩＳＣは低く出る傾向があるとお話ししましたが、その差をうまく把握する方法です。

たとえば、一年生は田中ビネー、二年生はＷＩＳＣ、三年生は田中ビネー、四年生はＷＩＳＣというように、学年ごとに二つの試験を交互に受けると、田中ビネーの数値は高く出る、ＷＩＳＣは低めに出るなど、それぞれの特徴がわかりますよね。

知能検査というものは、一種類の、一回の検査だけで「ウチの子はこうだ」と判断するのは危険なので、このバッテリー検査の方法をお勧めしたいのです。

検査を交互にやることでお子さんの状態がより正しく把握できるようになると考えます。実際には検査を毎年やることになりますが、この「バッテリー検査」をぜひ行なってください。

Q46 IQ（知能指数）より大切な力があると思うのですが

すべての保護者の皆さんも実感しているはずです。「学校の教科書で学んだことのほとんどが日々の生活の中では直接的に役立っていない」ということを。

しかし、だからといって、それが「意味のない学習」と楽観的に決めつけてしまうことも問題があります。人は、様々な学びを通して文明を発展させて、日々の生活の向上に努めてきたわけですから。

では、特別支援が必要な子にとって何が大切なのでしょうか。

それは、「将来一人で自立して生きていく力」です。私の教え子の中には、特別支援学校を卒業した後に、一般就労をして、結婚し、子どもを育て、一軒家に自立して住んでいる子もいます。と思えば、大学を卒業しても決まった定職に就くことができずに三〇代を過ぎても保護者を悩ませている子もいます。

そうです。進学したから、学力の高い学校に進学したからといって、自立して生きていくことができるとは限らないのです。

だから私は、前述した「ヴァインランドⅡ」や「S－M社会生活能力検査」「ASA」等で示された内容が大切と訴えているのです。特に「S－M社会生活能力検査」は、保護者への聞き取りだけで約三〇分程度でできる簡単な検査です。ぜひ行なってください。

知能検査を行なってくれた心理師（士）にお願いするとよいでしょう。

「我が子が将来生きていくために、どんな力が不足しているのか？」

「学校や家庭、療育施設において、今、何に取り組まなくてはいけないのか？」

といったことについて客観的かつ明確に示してもらえます。

実は、これら適応能力や社会性のアセスメントについて、厚生労働省から出されている「放課後等デイサービスのガイドライン」にも、その活用が明記されています。

しかし、ほとんどの療育施設でこれらのアセスメントは活用されていません。つまり、「名ばかりの偽物の療育施設」が多いということです。

私は現在、（一般社団法人）障がい児成長支援協会を立ち上げて、これらのアセスメントを活用した、子どもに真の生きていく力を身につけさせる療育施設の拡大に努めています。

47 知能指数はもう伸びないと言われましたが、あきらめたくありません

一般的に知能指数は伸びないといわれる理由は、定型発達の子に比べて、知的能力の低い子は

成長がゆっくりなんですね。

ですから、どんどん差が広がってしまう。

マラソンもそうですよね。スピードの速い子と遅い子が一緒に走れば、どんどん差が開きますよね。それと同じ理屈です。

しかし、実際の教育現場でそうではないケースがよくあるのです。知的能力の低い子は、どんどん知能指数の差が広がっていくと言われていたのですが、私が教員を二〇年やってきた中で、知能指数が伸びる子が多くいるのです。

それが自閉症の子や発達障害の子です。

では、なぜ自閉症や発達障害の子の知能指数が伸びるのかというと、皆さんご承知の通り、知能検査というのは、初めての人と初めての場所で初めての内容を取り組むものです。それが知能検査なんです。

しかも、言葉で質問されたことを言葉で答えることも多く求められます。

これが苦手なのが自閉症（発達障害）なんです。

つまり、自閉症（発達障害）の子は知能が低いというよりは、慣れていないから結果が低く出てしまう傾向にある。

しかし、このような特性のある子どもであっても小学校に行ったり、放課後等デイサービスなどに通ったりしながら、様々な経験を積み重ねていくうちに、慣れてきたり、それなりにできるようになってきたりするんですね。

すると、知能指数も上がってくるのです。私の経験上、WISCで一〇～一五ぐらいは未就学時に比べて小学校高学年までにIQが上がる子が多くいます。

ようするに、保護者の皆さんに気をつけていただきたいのは、小学校入学する前にIQが六五くらいで、知的障害だと判断された子が、五、六年生で手帳がなくなってしまうケースがよくあるということです。

そうなると、これまで特別支援学校高等部に進学するつもりだったのが、手帳を取り上げられてしまい、特別支援学校高等部に進学することができなくなってしまうということが起きる。

いずれにしても、専門の医師や心理師（士）に正しく診てもらうことで、今後伸びそうな子なのか、そうではないのかを教えてもらいましょう。今の知能指数の結果だけで判断してはいけません。今後、知能指数が伸びる可能性があるかどうか、その見通しをもって療育していかないと、後で大変なことになることがあるということです。

48 就労するためにはどんな力が必要ですか？

私は、「S－M社会生活能力検査」や「ASA」が参考になると考えています。

一般的に定型発達の子は学歴に応じて収入が決まると言われています。中卒よりは高卒、高卒よりは大卒のほうが給料は高いと言われます。

しかし、私は自分の教え子を調べていく中で、特別支援が必要な子は、学歴よりも社会性がどれだけ高いか。社会性によってどれだけ働けるかが決まるということを発見したのです。

その一つの壁は七歳です。

まず、七歳の社会性が身につかない子は、社会に出てもほとんど働けません。

つまり、七歳の社会性が身につくかどうかで、働けるのか生活介護になるのかが大きく分かれるようになってくる。

七歳とは小学校一年生です。自分で学校へ行く準備をして、自分の足で学校へ行って、係や給食当番や掃除をやり、金曜日には靴や赤白帽子や先生からのお手紙を持って帰ってくる。

そう。自分のことが自分の力でできるようになるのが七歳。小学一年生なんですね。ですから、七歳の社会性があれば働けるようになると言えるのです。

では、保護者の皆さんが目指している「一般就労」をするためには何が必要なのでしょう。

前述のS－M社会生活能力検査のすべての項目が達成できると、中学生の社会性が身についたと判断されます。

つまり、中学生の社会性が身についたということは、義務教育の社会性が身についた。義務教育の社会性が身についたということは、世の中で生きて行く最低限の力が身についたということになるのです。

このＳ－Ｍ社会生活能力検査は一二九項目で構成されています。

これがすべてできたかどうかが、「一般就労」ができるかどうかの条件になると考えています。

49 特別支援学校や知的に遅れのある子にとって、どこまで勉強することが大切ですか？

学校でいうところの〝勉強〟という言葉に着目してください。

私たち定型発達の子がやってきた勉強というのは、最終的に入学試験のための勉強です。プリントに漢字を書いたり、計算して答えを書いたり……。

つまり、特別支援学校や知的に遅れのある子と勉強の最終目標が違うのです。

先に、特別支援学校高等部には原則高校卒業資格がないとお話ししましたね。

特別支援学校の勉強では、難しい漢字を正しく書いたり、煩雑な計算を紙でやったりするような勉強よりも大切なものがあるということです。

たとえば、計量カップで牛乳の量を正しく量るとか、お金を使って切符やジュースを自動販売機で買うなど……。そうした世の中で生きて行くために必要な勉強が大事になってくる。

これを「生活単元学習」と言います。通常の学級にはない学習内容です。

ところが、保護者の皆さんは自身がプリントで計算や漢字をやるなどの勉強しか知らないので、どうしても自分の経験基準で子どもの勉強を見てしまう。

ここが大きな間違いなんですね。

この子たちが生きて行くために本当に必要な勉強とは何なのか。

それは、紙に書いてやる勉強よりも、実際にお金やモノを使ったり、測ったり、そういう生活していくための実践的な勉強こそが重要なんです。

このことを数学の世界では、「算数的活動」とか「数学的活動」と呼んだりするのですが、そういう勉強こそが家庭や学校でも、放課後等デイサービスでももっと必要だと思います。

皆さん、考えてみてください。かけ算、わり算にしても、今の世の中、計算機を使えばいいじゃないですか。特別支援学校の子は、紙で計算することよりも、計算機を使って正しくできることのほうが実生活でも活かせるし、自己肯定感も高まるはずなんです。

ぜひ、そうした観点で学校の先生とも一緒に話し合って、場合によっては療育の専門家の先生とも話し合って、日々の学習内容や指導の内容や方法を決めていってください。

なお、特別支援学校には各都道府県によって高等特別支援学校という高等部があると説明しましたが、高等特別支援学校高等部を受験するのであれば、ここでお話ししたこととの真逆になります。

当然、紙に書いてやる学習も大事になってきます。小学校四年生程度の入試問題が出題されますので事前の準備が必要になります。中学校卒業後の進路によって、取り組む学習内容が同じ特別支援学級の子どもでも変わってくるのです。注意が必要です。

50 「運動療育」や「音楽療育」はやるべきですか？　重要ですか？

子どもというのは、様々な体験を通して学び、成長して行きます。

たとえば、「紙に書いて覚える」方法はもちろん、楽譜を覚える、ダンスの振り付けを覚える。いろいろな体験を通して学んでいくのですね。

そして、言葉は少ないかもしれませんが、ダンスで表現する、歌で表現する。表現にもいろいろあるんですね。子どもたちは「できない」のではなく、単に凸凹があるだけと私は考えています。

ですから、紙のテストに答えを書くという表現方法だけでなくて、歌でも運動でも、美術や工作でも何でもよいと思うんです。様々なアプローチの中で子どもの好きなことや得意なことを体験させることが、まずは重要ではないでしょうか。

私が携わっている放課後等デイサービスでは、運動療育をやるところ、工作や美術をやるところ、リトミック（音楽を通じて表現力や感性を養う教育方法）のような音楽をやる施設等、様々な療育施設があります。

こうした環境を使って、家ではやれないような豊かな経験をさせることは子どもの成長にとってとても貴重で重要です。

人間は、自分が経験したことの中から、次の新しいことを生み出していくという性質がありま す。ましてや、特別支援が必要な子どもというのは、特にそうした経験重視のウェイトが大きいと私は考えています。

定型発達の子は、聞いて学び、見て学ぶということが中心になります。そのため、観察学習も得意です。

しかし、特別支援が必要な子どもは、この観察学習だけでは十分に理解できない特性をもっています。自ら体験し、やってみて学ぶという要素が大きな特徴としてあるんですね。

大人になってから新しいことに挑戦するのはなかなかやりにくい。小さいうちから、音楽、運動だけに限らず、美術や工作など、いろんな経験をさせてあげてください。

「豊かな体験」が子どもを大きく伸ばすポイントだと考えます。

Q51 学校の学習についていけない。すべての学習内容が必要なのですか？

ゆとり教育が終わって、教科書のページ数も大幅に増えました。

そして、応用問題や発展問題、いろいろな問題が出るようになってきました。

とはいえ、特別支援が必要な子に、難しい問題や応用問題をやらせることは逆に混乱させてしまうことが多々あります。ですから、私は基礎学習、基本重視と考えます。

定型発達の子は一般的な学習過程として、基本をやった後に応用問題をやって発展問題をやります。ところが、特別支援が必要な子にこれをやると基礎までわからなくなってしまうんですね。

特別支援が必要な子には、基礎をやって基礎をやって基礎をやる。応用、発展を捨てて、基礎をやってテストを受ければよいと私は思っています。

私は、これを「カレーライス理論」と呼んでいるんですね。

カレーライスを頭に思い浮かべてください。

絶対に必要なカレールーと、半分にしてもいいライスと、なくてもいいラッキョウや福神漬けがありますね。もちろん、全部食べたほうがいいですよ。

でも、よくカレーライスを見ると、食べなくてもいいラッキョウ、福神漬け、半分でもいいごはん、絶対に要るカレールーというように三種類あるわけですね。

教科書も同じで、すべて載っているんですが、無理してやらなくてもいい内容もあるのですね。どれをやって、どれをやらなくてよいかは、学校や専門の先生と相談しなければいけません。

なぜならば、教育者ではない保護者の皆さんではわからないことも多いからです。

そういう意味で、先生方や専門家との連携というのが重要になってきます。

第6章　どのように身につけさせるのか

52 中学年になって親の言うことを聞きません。どうすればよいですか？

保護者の皆さんに質問します。

保護者の皆さんが小学校の三、四年生、そして中学年になった時、後ろから保護者に抱きつかれて「勉強、一緒に頑張ろうね」などと言われたら、どういう気持ちになりますか？

申し訳ないけど、正直、キツイですよね。

小学校の低学年までは保護者とべったり触れ合うことが嬉しかったけれど、中学年ぐらいになると、保護者からグイグイ近づかれると、もう気分が乗らなくなってくるのです。

これは、子どもの成長です。

保護者と一緒なのは基本的に長くて低学年まで。つまり、中学年以降は、保護者ではない大人に教えてもらうということが大事になるんです。

ところで、学校の先生も保育園の先生も、自分の子どもを担任することはできないのをご存じですね？

それには明確な教育的な理由があるのです。

保護者は何かと感情的になってしまうし、子どもは甘える。

つまり、「感情的な保護者の上から目線のベクトル」と、「甘えるという子どもの下から目線のベクトル」。これが教育にとって、学習にとって非常に邪魔になるんです。

そのためには、親ではない、教えてくれる別の大人が必要です。

それが塾なのか、家庭教師なのか、それとも放課後等デイサービスなのか。

いろいろな立場で子どもにかかわる大人がいると思います。

中学年になって、保護者の言うことを聞かないのは子どもの成長の一つの証であり、そこで保護者が無理にグイグイと入っていかないようにする。

「ウチの子も成長してきたんだな」と受け止めて、親離れの始まりだと思っていただければよいのではないでしょうか。

そして、そうなる前から、我が子を理解して指導してくれる場や人を探しておくことが大切かと思います。

Q53 学級担任に理解がない場合は、どうするとよいですか？

園や学校の担任の先生は特別支援教育について、詳しくないのかもしれません。

特別支援のことを詳しくない先生に保護者がクレームを言うと、それによって先生が気分を害してしまい、結果として関係が悪くなり、「先生に言わなければよかった」という事態になる恐れがあります。

そういう場合は、園や学校の中に「特別支援教育コーディネーター」という特別支援教育にかかわる主任の先生がいるので、その先生に相談することをお勧めします。

または、教頭先生に相談するというのも効果的です。

著者も教員時代にコーディネーターとして担任にアドバイスしていた

皆さんは、学校のトップは校長先生だと思われるでしょう？

実は、ＰＴＡや校内の特別支援教育のトップは教頭先生なんです。

だから、担任の先生には教頭先生から丁寧に話をしてもらうことで、担任の先生も納得してくれるというケースも多くあります。

私もかつて、特別支援教育コーディネーターをやっていた時期があります。

初任者の先生に必要なアドバイスをしたり、「保護者からこう言われてしまいました」と相談を持ちかけられると、「それはこういう意味ですよ」などと答えたりすることで、各先生方が素直に聴いてくれたように思います。

保護者と先生が話し合うことはよいことですが、特別支援について詳しくない者同士だと、どうしても話し合いがかみ合わないことがあるので、特別支援教育コーディネーターや教頭先生も絡めて、チームで話し合うのがよいと私は思います。

保護者の中には、学校サイドの関係者の人たちが増えるので、「学校の都合のいいように言いくるめられてしまう」と思ってしまう方はいませんか？

そういう場合は、放課後等デイサービスや相談支援事業所など、福祉の力で自分たちの味方になってくれるような人と一緒に参加するのも一つの手です。

これを「ケース会議」と呼ぶのですが、一度、味方になってくれそうな専門家に相談をされてみてはいかがでしょうか。こうして話を進めていくのも得策だと思います。

Q 54 学校の管理職と話をしてもうまくいかない場合は、どうすればよいですか？

これは最終的な手段になりますが、市町村の教育委員会へ行ってください。

お子さんが通っている小・中学校は、市立や町立になっていませんか？

だとすると、市町村の教育委員会が責任をもつことになっているんですね。

校長先生、教頭先生の言っていることがどうしても納得できない場合は、市町村の教育委員会の担当者と話をするのがよいと思います。

その際のマナーを一つ、お教えしますね。

教育委員会と話をする時には事前に、「校長先生にはその旨を伝える」こと。

これをやらずに教育委員会へ行くと、下手をすると教育委員会から校長先生に雷が落ちることがある。

これやられると校長先生はへそを曲げてしまい、その後の関係が今まで以上に悪くなる可能性が出てくるかもしれないからです。

そして、もし市町村の教育委員会でも埒《らち》があかなかった場合は本当の意味での最終手段です。

都道府県の教育委員会に連絡をするという方法があるんですね。

それでもダメなら文部科学省という手もあるけれど、都道府県の教育委員会で話をすれば、専門の先生がやってきて、双方の着地点といいますか、落としどころを見つけてくれるという場合が多いと思います。

他にも、専門機関を活用するという方法もあります。たとえば、スクールカウンセラーという心理職を活用する方法など。

または、最近注目され始めてきた、「特別支援学校のセンター的機能」を活用する手もあります。

今、特別支援学校というのは、地域の小・中学校に対して必要な専門的アドバイスを提供するという役割も担っているのです。

ですので、学校の担任や校長先生に理解がなく、「もうこの子の面倒は見切れません、特別支援学校に転籍してほしい」という話になって、保護者が納得できない場合は、特別支援学校の特別支援教育コーディネーターの先生に来てもらい、お子さんの状態を診てもらうことも可能なのです。

恐らく、特別支援学校の先生より「この子だったら特別支援学校に行くほどでもない」とか「特別支援学校に行くのはまだ早い」などの助言が出ることで、良い方向に進むと思います。現在、スクールカウンセラーや特別支援学校のセンター的機能は全国的に展開しています。ぜひ、活用してみてください。

Q55 保育園までは「加配」がつきました。小中学校でもつけてほしい

それは無理です。

なぜかと言うと、小学校、中学校は市町村の教育委員会管轄になりますので、加配をつけると、加配の先生一人に対し、年間で約一〇〇万円近くかかります。

写真のように、小学校でも加配がつくこともありますが、ある特定の子だけに個別に加配をつ

けるということは原則しません。特別支援学級のクラスに対して一人加配がつくとか、学年全体に対して一人加配がつくという形が一般的です。

いつも横に先生がいないと学校生活ができないという状態にしてしまうと、特別支援学校に行って支援をしてもらう必要があると考えられてしまいます。

加配による支援で授業に参加できるようになった児童

この子のように、最初は集中していたけれど、集中力が切れてきた時に加配がつくことは小・中学校でもあり得ますが、常時の加配は難しいです。

前述のように〝必要な時だけ加配がつけば大丈夫〟という状態になれるように、日頃から何でも加配頼みにせず、保育園や幼稚園のうちから加配がなくてもある程度やれるようにするということを心掛けてほしいのです。

ただ、現状では小学校一年生でなかなか大変な子が多いので、低学年にはこの写真のような加配がつく場合があります。

一般に低学年は加配がつく学校もありますが、三年生からはまず加配はつきません。

また、加配の先生は各教育委員会で雇用することになっていて、予算の額がすでに決まっています。

たとえば、年間予算の枠内で、今年は五〇人の加配サポーターを雇うと決まったら、教育委員会は校長先生たちに向けて、こう呼びかけます。

「来年度に加配サポーターがほしい学校は手を挙げてください」

「なぜ、加配サポーターが欲しいのか、その理由を書いて教育委員会に提出してください」

そして、要望が書かれた提出書類を精査しながら、各教育委員会が加配サポーターを必要だと判断した学校から優先的に配置していくという流れです。

だから、加配サポーターが配置されるかどうかは、校長先生の力量に依るところが実は大きいのです。中には書くのが面倒だったから提出しなかったという学校もあって、校長先生の考え方や希望の姿勢が問われる部分もあるのです。

私の考えとしては、ずっと継続的に加配がつくのはＮＧだけれど、徐々に加配がなくても可能という状態にして行くことが理想と考えています。

なお、加配の配置に関しては、学校の規模や、他に配慮すべき子ども（外国籍の子どもの数など）がいるなど、他の要素もあったりします。

小学校の低学年までは、加配サポーターがつくのはしょうがないにしても、やはり、保育園のように「この子につく」というマンツーマン体制になることはまずないと考えてください。

56 学習支援をする場合、家庭教師と塾とどちらがよいですか？

その子によって違うと思います。

たとえば、学習塾といってもテストの点で席の順番を競い合うような塾もあれば、一人の先生がついて少人数や個別指導を中心とした塾もあります。

ですから、それは一人ひとりの特性に合ったところを選択するということですね。

ここで気をつけなければいけないのは、自閉症スペクトラムはこうだとか、ＡＤＨＤはこうだという当てつけで支援環境を決める。これが危険なんです。

昔、血液型でＢ型は片付けが下手、Ａ型は几帳面とかいわれていた時代がありましたが、これは嘘ですよね。何の科学的根拠もありません。Ｂ型であっても几帳面な人はいます。

つまり、「この子は自閉症だから、家庭教師のほうがよい」ではなくて、その子の個性や状態にとって、どちらがよいのかという視点です。家庭教師でも、若い男性なのかベテランなのか、若い女性なのかによっても全然違ってきますよね。

ですから、「家庭教師と塾でどちらがよいですか？」という二者択一ではなくて、「その子の特性に合った学習支援」という考え方が最も大事ということになってきます。

ただ、一つ言えることがあります、
私の子どもが通っていた個別の塾は、先生がチェンジできたんです。

普通、塾の先生を変えるなんてできませんよね。家庭教師も変更は難しいですよね。

しかし、今は子どもが少ないせいか、先生のチェンジができる家庭教師や個別の塾というのが出てきています。

特別支援が必要な子は、特性にとても個人差がありますので、先生の合う・合わないは重要です。せっかく高いお金を払うなら、まずはお試しでお子さんに合う家庭教師や塾を選んで、体験をさせてもらうのもいいでしょう。

Q57 応用行動分析って何ですか？

次ページの写真の子は私がかかわった子なのですが、授業中このようにずっと寝ているんです。

小学校二年生までのテストは、ほぼ白紙、0点です。

そのため「授業中、ずっと寝ている子で、テストが白紙のような子は、三年生になったら知的支援学級に入れよう」と校長先生をはじめ、ほとんどの先生たちはそう決めていました。

ある日、校長先生から「山内君、あの子を特別支援学級に入れることをどう思う？」と意見を求められたので、私はその子に直接、尋ねることにしました。

「特別支援学級に行きたいかい？」

すると「嫌だ」とはっきり答えるのです。

校長先生には、「特別支援学級は嫌だと言っているので、通常の学級のほうがよいんじゃないですか？」と私が伝えると、「じゃあ、あなたが担任しなさい」と言われてしまいました。

授業中に寝ることが多いこの子はLD？

ひどいでしょう？

という経緯で、私はこの子を三年生から担任することになったんです。

担任になった私は、まず、その子の知能検査（ＷＩＳＣⅢ）をしました。

すると、ＩＱが一〇四もある。テストは０点だけど、知的障害じゃなかった。

次の疑問は、「知能指数は低くないのにどうして寝てばかりいるのか？」「なぜテストが白紙なのか？」でした。

私は「応用行動分析」という方法を使って、一週間ずっとこの子がどんな時に寝るのか、どんな時に顔を上げるのかということを、一日中観察して記録したのです。

そうしたら、給食の時は顔を上げて絶対おかわりをするんです（笑）。オイオイという感じでしょ？（笑）

それから、理科の実験もやる。リコーダーも吹くし、体育もやります。ところが黒板に字を書いた瞬間に寝る。授業参観や研究授業などは絶対寝てしまうんです。

これ、なぜだかわかりますか？

私は、直感的にＬＤ（読み書き障害）ではないかと考えました。

それで、私が用意したチェックリストでチェックしてみたら、読み書きの障害で基準のスコアを超えていたのです。

その後、その子のお母さんと一緒に病院に行って診てもらったら、「書字障害」という診断名がつきました。あの俳優のトム・クルーズと類似。彼はＬＤ（読字障害）で文字を読むのが苦手なことをご存じでしたか？

この子の場合は、読むことはできるんですが、書けないのです。テストが0点だったのは、わからないのではなく、書けなかったのです。

ところで、その子の頭は丸坊主でしょう？

校長先生に「なぜ彼は丸坊主なんですか？」と聞くと、「この子、面白い子でお母さんに丸坊主にしてくれと自分から頼んだらしいんだ」と笑いながら話すのです。

これ、後になって、大きくなったこの子から直接聞いたんですが、実は、丸坊主にするきっかけをつくったのは、私の前の担任でした。

前の担任はこの子の髪の毛を引っ張って、「なんで寝ているんだ！ 寝る時間じゃないだろう！」と叱っていたそうです。

それで辛くなったこの子は、思い余って髪の毛を引っ張られないようにお母さんに丸坊主にしてもらったというのです。

さて、ここから本論に入ります。

私は彼の応用行動分析をした結果、彼は「文字が書けないから字が見たくなかった」んです。学校では先生が一方的に黒板に字を書いて、後でその字をノートに書き写しなさいと言われるパターンの授業が多いものです。

この子にとっては地獄のような時間です。

そこで、私は彼に対して何をしたかというと、デジタルカメラを渡して「これで黒板をデジカメで撮ればいいんだよ」と教えてあげました。

すると彼は「えっ？ 書かなくていいの？」と言って、それからというもの、寝なくなったどころか、手を挙げて授業中に発表するようになったんです。

その後、彼が五年生になった時、近所に私立の中学校ができたので、この私立学校のことを教えてあげたんです。この私立校は当時、最先端のタブレット学習を行なっていたのですね。そう、書かなくていいんです。

私は彼の進路にふさわしい学校だと感じ、お母さんと一緒に学校に出向きました。それで「書くことは苦手だけど、知的には高いし、タブレットがあればできるので、貴校に入れたいと思います」と話すと、その学校の先生も「こういう子だったらよいですよ」ということで、後に入学することができました。

もう「この子」ではなく彼と呼びましょう。彼は今、地元の福祉大学に通いながら、精神保健福祉士を目指して勉強しています。

同窓会の時、彼は私にこう話してくれました。

「先生に言うね。前の担任が髪の毛を引っ張ったから、僕、坊主にしたの」

思い返せば、三年生で彼の担任になって一カ月ぐらい経った頃、彼が私の元にちょこちょこと来て、「先生、これで髪の毛伸ばせる」と言ったんですね。

当時の私は、その意味がよくわからなかったので「いいよ、伸ばしたら？」なんて返したと思います。

でも、ようやく彼が二〇歳になった時、はっきりわかりました。

「山内先生が僕を救ってくれた」と言ってくれたんです。

このように彼は、私にとって、とても思い入れのある子になったのです。

将来、精神保健福祉士になって、自分と同じように苦しんでいる子たちのサポートをしたいと話しています。

なお、大学では、文字が書けないことに配慮して、パソコンで授業を受けても許されるそうです。

かつての小学校の先生たちは、「授業中寝ていて、テストが0点だから、知的支援学級に行くべき」と短絡的に捉えていました。

しかし、実際はそうではありません。

子どもの行動には、必ず正当な理由があるんです。

彼は寝たくて寝ているのではないのです。本来は、〝できるようになりたい〟〝わかるようになりたい〟と思っているのが子どもなのですね。

それを妨げているものは何なのか。

子どもの行動の様子、パターンをよく観察することで、どんな時に問題を起こすのかをチェックしていくと、見えてくるものがあります。

58 SST(ソーシャル・スキル・トレーニング)って何ですか?

社会で人と人とがかかわりながら生きていくために、欠かせないスキルを身につける訓練のことを「ソーシャル・スキル・トレーニング（SST）」と言います。

定型発達の子は観察学習といって人を見て学びます。

人が叱られているのを見ると「あ、それは止めよう」と思うわけですね。

また、人がほめられているのを見ると「あ、それをやってほめられたい」と思うわけですね。

ところが、特別支援が必要な子って、机の上に乗って走り回っている子を叱っているのを見ても、すぐに机の上に乗ろうとするんです。

つまり、自分が叱られて、初めてわかるというタイプなんですね。

その特性を生かしたのが、ソーシャル・スキル・トレーニングで「繰り返し体験することを通して身につけさせる」という技法です。

私は仕事上よく発達障害の大人ともお話しするのですが、皆さん、車を運転していて、スピード違反でパトカーに捕まっている車があると、スピードを落としませんか？

「あっ、まずい」と思いますよね。

でも、発達障害のある人は「運が悪い奴だなぁ」など、自分とは関係のないことだと思ってしまう傾向がある。だから、特段、スピードに注意しようなどと思わない。そして、自分が捕まって初めて「しまった」と思う。

つまり、観察学習が苦手なんですね。

一度痛い目に遭わないと気づけない。そうした特性がある人に、自分の特性に対する気づきの機会を与えるのも「ソーシャル・スキル・トレーニング」なんです。

特別支援学級や特別支援学校はもちろん、放課後等デイサービスなどの療育機関で最もよく使われる技法の一つです。

ソーシャル・スキル・トレーニング（ＳＳＴ）の進め方としては
①教示　言葉やカードで教える
②モデリング　先生や友だちで手本を見せる
③リハーサル　模擬場面等で実際にやってみる
④フィードバック　行動を振り返りほめる
⑤般化　どのような場面でもできるようにする。
という手順で一般的に行なわれます。

59 ＳＧＥ（構成的グループ・エンカウンター）って何ですか？

構成的グループ・エンカウンター（ＳＧＥ）とは、集団学習体験を通して、自己発見による行動の変容と人間的な自己成長をねらい、本音と本音の交流や、感情交流ができる親密な人間関係を援助するための手法です。活動で取り扱うエクササイズ（課題）には、「自己理解」や「他者理解」

「自己主張」「自己受容」「信頼体験」「感受性の促進」の六つのねらいが組み込まれています。

特別支援が必要な子というのは、自己肯定感がものすごく低いんですね。

さらに、他人に対して自分を正直に表現したり、相手の気持ちを推し量ったりすることが苦手な子が多くいます。

教員や保護者は、「相手の気持ちを考えなさい」とか「自分をもっと大切にしなさい」とか、指導することがよくあります。

しかし、相手を思いやったり、自分を大切にしたりする力を高められる具体的な方法というのは、なかなか見つからないですよね。

でも、実はそのトレーニング方法があるんです。

その一つが「構成的グループ・エンカウンター（ＳＧＥ）」という方法です。

その一例ですが、友だちの前でなかなかしゃべれない子がいたりします。私はこれをよくやるのですが、籠の中に飴を入れて、「自分の好きな食べ物を言ったら飴を一個もらっていいよ」と話します。

すると、「リンゴ」や「いちご」など、食べ物の名前が出てきて、それを二、三周繰り返してやります。

次は、「自分の好きなテレビ番組を言いましょう」

そして「最近、嬉しかったことを話しましょう」とか、「最近辛かったことを言いましょう」

と続くのですが、これが、不思議とちゃんと話せるんです。

これをいきなり、道徳の時間に「最近辛かったことを話しましょう」となんて言っても、誰も手を挙げませんよね。

すなわち、「好きな食べ物」「好きなテレビ」「楽しかったこと」を話す、このエクササイズをやることで気持ちがほぐれてくるのです。

たとえば、こんな面白い子がいるんです。

私が担任をしていた時、ある子のお母さんが私にこう話します。

「ウチの子どもは全然友だちとも遊ばないし、学校のことを一切何も話さないんです。どんな子がいて、どんな遊びをしているのかも全くわからなくて」

「山内先生が担任になってもらったから、いろんな子に興味をもったり、できたら友だちが遊びに来たりするような、そんな子に成長してくれたらうれしいです」

そこで私、毎朝、学校で飴を出していました。

籠の中に飴を入れて、「ハイ、好きな食べ物」「ハイ、好きなテレビ番組」と子どもに質問して、答えると飴をあげる。みんなで楽しく「ワァー」とやるんです。昔は良い時代でした。

その中で「最近、友だちの家に遊びに行った子は、どこの友だちの家に行ったか話しましょう」とやると、「ケンタ君の家に行った」とか「何々君の家に行った」なんて言い出したら、ある子が「パス！」と言ったんですよ。

「え、何で？」と私が聞くと、

「僕、友だちの家に遊びに行ってないから」

「えっー？　俺の家においでよ」

「えっ、僕、他の人の家に行くの、あんまり好きじゃない」

「じゃあ、遊びに行っていい？」

と、そういう話になった。

実は私、「もしよかったら遊びに行ってあげて」と前もって、内緒で他の子にお願いしておいたんです。

そうしたら、その子が「遊びに行っていい？」と聞いてきて、明るい子なので、ある子も「う…ん、いいよ」となった。

それで、家に帰ってきて、ある子のお母さんはびっくりです。

「ママ！」

「どうしたの？」

「今日、友だちが遊びに来るけどいい？」

「えぇ！　友だちが遊びに来るって？」

「で、どんな子？」

「うん、ケンタ君って子なんだけど」

「へー、そうしたら、おやつを出さなきゃ」

「ダメだよ、小麦アレルギーだから」「牛乳もあんまり好きじゃないって」「コーラが好きって、言っていたかな、でも氷はダメだよ、あんまり冷たいのは好きじゃないって、言っていたみたいだから」

お母さんは「へー！」と感心したそうです。

だって、友だちが遊びに来るだけでなく、友だちの好みや小麦アレルギーだとか、そういう心遣いができるようになっている。

「あっ、この子、学校でそんなこともしゃべっているんだ」ということに気がついた。

実は、「構成的グループ・エンカウンター」の一つのエクササイズを通してこうした会話を引き出した。それだけなんです。なお、先ほど例に挙げたエクササイズは、構成的グループ・エンカウンターの「アイスブレイク」と呼ばれる初歩的な導入エクササイズです。

ちょっとしたきっかけで、自分と人との違いを知る、あるいは自己肯定感を高めたり、人との信頼関係をつくったりできるのです。

これがとても重要なんです。昔はこんなことやらなくても、いろんな子どもたちがいて、たくさんのかかわりがあったのですけれど……。

また、これは大人にも応用できます。以前、ＰＴＡの家庭教育学級で保護者の方を対象にやったらすごく喜ばれました。

Q60 知能指数を伸ばす具体的な方法を教えてください

小難しい療育をあまり意識せずに、遊びの要素を入れることが大事です。子どもたちにとって、「療育」「鍛える」という視点を強く出してしまうと、特別支援が必要な子どもたちはイヤになってしまうからです。

知能検査で一般的に使用されるWISCⅣでは、「言語理解」と「知覚推理」「ワーキングメモリー」「処理速度」の四つの力によって知能全体を構成しています。

では、それぞれの力に応じてどのような伸ばす方法があるか、具体的に紹介していきましょう。

・「言語理解」を高める方法

たとえば、しりとり、早口言葉、クロスワードパズル、クイズ、なぞなぞ、替え歌というような、言葉を使った遊びをさせることによって、言語の力は高まります。読み聞かせも有効です。

・「知覚推理」を高める方法

知覚推理とは、目で見た情報を使って物事を推理することです。この力を鍛えるには、積み木やパズル、間違い探し、絵合わせカード、ブロック、ルービックキューブのようなものが適しています。おもちゃ屋さんの「知育玩具」コーナーに行くと、いろいろなものがあります。

・「ワーキングメモリー」を高める方法

ワーキングメモリーを高めるために一番良い方法の一つは、神経衰弱です。私がお勧めするのは、トランプ4枚の神経衰弱。それができたら6枚、次に8枚と増やしていくのです。

つまり、トランプのカードが増えれば増えるほど、ワーキングメモリーの力が高まったということになるのです。

保護者の皆さんも子どもも、力の高まりが目で見てすぐわかるのがよいですね。

一度にたくさんの枚数でやってしまうから、子どもはイヤになってしまうわけです。他には、ダンスやピアノなど、振りつけや楽譜を覚えるというのも、覚えることに変わりはありません。とても有効です。

・「処理速度」を高める方法

処理速度については、「自分でやらせる」ということが大事です。

着替え、歯磨き、学校へ行く準備、お風呂……。

とにかく時間がかかる子は、保護者が先に手を出してしまうことが多くあります。

そうすると、ますます遅くなります。

キュウリって、たくさん経験した人のほうが速く切れるようになりますよね。

つまり、遅い子だからこそ、自分でやらせないとダメなんです。

保護者の方は、子どもが遅いと自分がやってしまう。保護者がやってしまうとますます遅くなってしまいますよ。

結論は、遅い子ほど子ども自身にまかせてやらせる機会を増やしていくことが大切。

以上が子どもの知能を高めていく、家でも簡単にできる方法の一例です。

ぜひ、すぐにできそうなことからやってみてください。

第7章 良い療育とはどういうものか

61 どんな病院を受診すればよいのですか？

初診で行くならば、「小児発達外来」や「小児精神科」といった専門医をお勧めします。基本的に良い病院は予約優先で、すぐに診てもらえるとは限りません。

逆に長い期間、待たなければいけないところは、評判の良い名医がいる可能性もありますので、むしろ診察を受ける価値があるかもしれません。

また、学校の先生と交渉したり、連携したりするためには「医師の意見書」が非常に有効となります。そういう意味でも、医療との連携、お医者さんの活用は非常に重要です。

だから、医師が意見書を書いてくれるような病院にするということが重要です。中には「学校の先生が嫌がるので、そういう書類は書かない」とおっしゃる方もいます。医師もいろいろです。

それですと、診断名だけで終わってしまい「単なるレッテルを貼る」だけで、日々の支援には活かすことができません。

大切なのは診断名をもらうことよりも、その特性を学校教育の中で日々の支援として反映させることが、最も重要であると私は考えています。保護者の皆さんも、それを望んでいるはずです。

私の一番信頼するある医師は、意見書の件で学校にまで出向いてこう言い放ちました。

「何で、私の言った支援をやらないんだ」

これ、すごくないですか？

情熱的な医師ですよね。保護者と学校の間をつなぎ、連携が取れるように動いてくれる。きちんとした意見書を書いてくれる小児発達外来や小児精神科の先生がベストと考えます。

お薬についても、相談に乗ってくれる医師がいいですね。

「しばらく待ちましょう」「様子をみましょう」だけではいけません。酷くなった頃には二次障害が進み手遅れになってしまうことがあるからです。

だから、薬の説明や適切な処方など、丁寧な説明をしてくれる医師かどうか。

また、保護者の相談に丁寧に乗ってくれて、適切なアドバイスをしてくれるかが重要です。

ちなみに、普通の小児科では出せる薬が限られていますし、普通の小児科では「あ、ウチは無理です」と断られてしまうケースもあります。

かかりつけの小児科であれば、小児発達外来などに「紹介状」を書いてもらうことができるかもしれません。まずは一度、かかりつけ医に相談されるのもよいかと思います。

62 療育って必要なのですか？ 園や学校だけではダメですか？

一番の問題は、園や通常の学校には「特別支援教育」や「療育」について専門性のある指導者が十分いないということです。

やはり、専門性が高い職員にかかわってもらう、子どもの様子を観察してもらうということが重要と考えます。

逆に、特別支援学校の子の場合は、比較的障害の重い子しかいないでしょう？ デイサービスや療育に通うことで、定型発達や他の子とも交流することができるということはメリットです。

療育とよく言いますが、「医療と教育」で「療育」なんですね。

どうしても教育でダメだった時には、医療、投薬も含めて、総合的に支援をしていくということが大事になってきます。

それともう一つ。

園や学校って、先生が毎年のように替わってしまうんです。やはり、変わらず継続的に療育してもらえるところを探すというのがポイントになります。

Q63 「放課後等デイサービス」って何ですか？

放課後等デイサービスというのは、児童福祉法を根拠とする、障害のある学齢期児童が学校の授業終了後や学校休業日に通う、療育機能・居場所機能を備えた福祉サービスのことです。略して「放デイ」と言われています。

「障害のある……」と聞くと、特別支援学校や特別支援学級に在籍している児童生徒が対象と思われますが、通常の学級在籍の子どもたちも利用が可能です。

しかし、通常の学級の子どもが利用するためには、多くの自治体で「医師の診断書」が必要になります。自治体によっては「○○の疑いがある」「△△の傾向がある」といった確定診断でなくても受給者証が発行されて、利用が可能なところが多いです。各市町村の福祉部局（障害福祉課や福祉課、子ども課等）に問い合わせてください。

授業終了後や学校休業日の利用が原則ですが、現在は「不登校の児童生徒」の受け入れを認めている自治体もあり、放デイの利用で「学校が登校したことになる」という自治体もあります。

現在各自治体によって利用条件や利用日数に大きな差がでてきており、注意が必要です。「引っ越ししたら、前の自治体と同じような放デイの利用ができなかった。こんなことなら引っ越さなければよかった」という声を私はよく聞きます。

また、「療育を行なう」と言いながら、単なるあずかり施設であったり、十分な療育が行なわれていなかったり質の低い場所もあるようです。

さらに「送迎をしてもらえるか？」「利用できる時間が一時間と短くないか？」「おやつ代等、別途集金されるお金がいくら必要なのか？」など確認してください。

「近いから……」や「紹介されたから……」ではなく、しっかり見学と体験をして、指導員の質や療育の中身を確認してから契約することをお勧めします。同じ放デイでも、そのサービス内容には随分と差があります。

64 「児童発達支援」って何ですか？

簡単に言えば、放課後等デイサービスの未就学版です。小学校に入る前に行くのが児童発達支援です。

現在は利用料金が無料となりました（おやつ代や活動費などは実費で集金するところもあります）。料金がかからないうえ、専門的な療育が受けられるのでお勧めです。

なお、利用するには放デイ同様に受給者証が必要です。「療育が必要」と判断されれば簡単に利用が可能です。各自治体が行なっている療育センターの検診や療育とつながっているケースが多いです。

現在は「言語聴覚士」や「作業療法士」「理学療法士」といった専門職を配置したレベルの高い療育を行なっている施設が多くなってきています。

Q65 療育を行なう場合、どんな視点で施設を選ぶとよいですか？

「ヒト」「モノ」「コト」の三つの視点があります。
まずヒトからお話ししますね。

1　ヒト

どんな専門性のある職員がいるのか。
どんな経験がある職員がいるのか。
どんな優秀な人間性のある職員がいるのか。
やはり、どんな人が療育を行なっているのかということはまず大事になりますね。

2　モノ

部屋はどれほどの広さなのか。

どんな教材があるのか。

どんな遊具があるのか。

教育環境もよい療育を推進するうえで重要な要素となってきます。

3　コト

その施設に通うことによってどんな力が身につくのか？

その施設に通うことで何が伸びるのか？

優秀な職員がいて、素敵な療育環境があって、さらに身につくであろう力、伸びる内容が明確といった前述の1、2、3の三つがきちんとした施設を選びましょう。

飲食店でもそうですよね。「ウチの料理は陳健一が監修しています」とか「中国の○○料理コンクールで優勝しました」というふれこみがあったりします。

次に環境です。「弊店は鉄板では焼きません、溶岩の上で肉を焼きます」など。お客が〝溶岩焼き〟と聞くと「おお！」となりますよね。

そして、料理の中身です。「弊店は松坂牛を使っています」とか「国産和牛しか使用しません」とか。

どんな人が、どんな道具で、どんな素材の料理を作るのか。

お客は総合的に見て決めますよね。

療育についても、「ヒト」「モノ」「コト」の三つの視点で、それぞれを明確に説明してくれる。保護者が納得できる。こういう施設でなければいけません。

「どんな職員がいますか？」と質問した時、「しどろもどろ」で答えられないようでは、その時点でダメだということですね。

Q66 祖父母が子どもの凸凹を認めないので療育に通えません

よくあるケースが、ご両親は理解があっても、祖父母の方が周りの目を気にしてお孫さんの凸凹を認めないといったケースが多々あるということです。

このような場合は、祖父母の古く固い頭（考え方）をほぐせるように、私のような専門家から、「今はそうじゃないんですよ」と説明してもらうということが、必要になるかもしれません。

そして、療育を先延ばしして後になればなるほど、より難しい状況になってしまうことを知ってもらうことです。大切なお孫さんのためにならないことをしっかり理解してもらうことが大事になってくるのです。

私は、相談を開始する時に、お子さんとっての〝キーパーソン〟は誰なのか。誰が一番鍵を握っているのかということをまず考えます。

いくら、おじいちゃんとおばあちゃんが反対していても、家庭の中で核となっている人がお父さんならば、結局お父さんが「いいよ」と言うのなら、おじいちゃんやおばあちゃんの影響はそれほど大きくなくなります。

つまり、突破口になる人、キーパーソンが誰なのかということを決めて相談を開始することが重要なのです。

一つの方向性を決めようとする時に、家族全員の賛同を得ることは簡単ではありません。お子さんの療育に関しても、キーパーソンを決めて、キーパーソンから相談を進めていくというのが一番よいかもしれませんね。

前述したように、今は保護者の同意がないと、勝手に療育などを進めることができません。そうしたことからも、まずは保護者の理解が一番重要になります。

67 心理師（士）とかかわると何がよいのですか？

心理師（士）とは、心理業務に従事する人で、心理職とも呼びます。今までは一般的に臨床心理士や学校心理士、臨床発達心理士などが有名でしたが、現在は、国家資格としての「公認心理師」が新設されました。

これらの専門家にかかわる一番のメリットは心理師（士）による発達検査（アセスメント）が受けられることでしょう。

発達検査というのは、検査結果の数値を知るだけではないんです。その数値の背景は何なのか、そして、その低い数値をどうしたら上げることができるのかというところまで聞くことができるのが心理師（士）なんですね。

検査だけ来て「ハイ、さようなら」では意味がありません。

つまり、検査結果を家庭や学校でどう活かしていくのかという点が非常に大事になってきます。ですから、経験や勘に頼って進めるのはダメです。

先ほどお話しした応用行動分析の質問でもそうだったでしょう？

私が心理の世界で学んできたこと、心理師（士）として「寝ていた子」（１５２ページ）を観察することによって、彼自身のつまずきがわかったように。

いくら教員経験の長い校長先生でも見抜けなかったんですね。

ここで、心理師（士）とかかわる時の注意点をお話しします。

心理師（士）の中でも、犯罪心理学に長けている人と、うつ病などに長けている人、私のように特別支援に長けている人のように、心理士の中でも得意分野が細分化されているんですね。同じ日本料理でも、寿司が得意な人と、カニ料理が得意な人と、蕎麦打ちが得意な人がいるように。

私はというと、特別支援が得意な心理士なんです。

心理師（士）の中には、少年鑑別所で精神鑑定をしたりする人、警察の中にいて犯罪心理学などを得意とする人もいます。

ですから、心理師（士）だったら何でもいいというわけではありません。

心理師（士）の専門性や得意分野を見てください。

また、スクールカウンセラーにもいろいろな人がいます。大学の心理学科を卒業したものの、仕事がないからひとまずスクールカウンセラーをやっているという人も中にはいます。

だから、まずは、特別支援について詳しい人かどうかを確かめることが必要です。そして「結果（数値）」に基づいた具体的なアドバイスができることが望ましいのです。

現在は心理師（士）に加えて、大学で心理学を専門に学び各行政が認めた「心理指導担当職員」という専門職員を配置している施設も多くあります。

現場の声① 心理指導担当職員 大關麻未さん（グローバルキッズメソッド 西城南店）

ここでは、社会性の育成に加えて、学習をメインにした療育に取り組んでいます。

入室後、「宿題」「解説を聞きドリルやテストを行なう『すらら』での学習」「タイピング練習」の三つの学習への取り組みが習慣になるような支援を行なっています。また、学習後の活動でも、すべての子どもが楽しく過ごせるように活動の内容と集団の工夫を行なっています。

心理担当指導職員である私は、特に気持ちが落ち着かない子どもたちに寄り添い、不安や怒りの感情を受け止め、会話を通して穏やかな気持ちで学習や活動に取り組めるよう支えることを心がけています。大学で学んだ心理学を具体的な実践に活かすことができることにやりがいを感じています。

Q68 言語聴覚士（ST）とかかわると何がよいのですか？

言語聴覚士とは、言語や聴覚、音声、呼吸、認知、発達、摂食、嚥下にかかわる障害に対して、その発現メカニズムを明らかにし、検査と評価を実施し、必要に応じて訓練や指導、支援を行なう専門職のことです。

言語療育は小学校低学年までが勝負と言われており、児童発達支援や放課後等デイサービスでは最もニーズのある専門職の一つとなってきています。

現場の声② 言語聴覚士 黒澤奈緒さん（グローバルキッズメソッド 新さくら店）

ここは、二歳から年長まで幅広い年齢の未就学の子どもたちが利用しています。理学療法士、作業療法士、言語聴覚士が在籍し、個別療育を中心に実践しています。言語聴覚士の私は、レクリエーションや活動全般にもかかわり、専門的な視点をもって支援のポイントを他のスタッフに伝達、共有して、施設全体として支援の質が向上するように努めています。

子どもたちが将来、どうなってほしいのか、そのために今どんな支援が必要なのか。みんなで考えて、療育を行なっています。

特性や発達の段階が様々な子どもたちを支援する難しさはありますが、志を高くもってチームとして療育を実践できている現場に誇りをもっています。

Q69 作業療法士（OT）とかかわると何がよいのですか？

作業療法士とは、身体と心のリハビリテーションの専門家です。そして、「基本的動作能力」や「応用動作能力」、「社会適応能力」の三つの改善を図ります。また、環境の調整や、社会資源や諸制度の活用の促進なども含めて、その人らしい「作業」の獲得をサポートもします。

作業療法士の「作業」とは、食べたり入浴したり、食事や仕事、趣味活動などの人がかかわるすべての諸活動のことを指します。病気やケガ、心の病など、様々な要因でその人らしい「作業」が行なえなくなった時、「作業」に焦点を当てて治療を行ないます。また、「作業」を通じて諸活動に参加できるように援助する治療方法です。

現場の声③　作業療法士　菊地諒さん（グローバルキッズメソッド　真岡東店）

主に集団レクリエーションと個別療育に取り組んでいます。

微細運動、粗大運動、学研、SST、言語療育、感覚遊び、読み聞かせ等のほか、季節のイベントや外出レクリエーションなどを、作業療法士として専門的な視点を加えて療育を行なっています。また、外部から特別講師をお呼びし、リトミックも行なっています。

個別療育では、保護者の願いと子どもの発達の段階を考慮し、目標・計画を立てています。具体的には、子どもと支援員が一対一となり、個に合った療育を実践しています。特に作業、言語、日常生活動作、感情・情緒コントロールを中心に取り組んでいます。保護者と共に子どもたちの高まりを共有できることに喜びを感じています。

70 理学療法士(PT)とかかわると何がよいのですか?

理学療法士とは、ケガや病気などで身体が思うように動かない人に対して、「立つ」「歩く」「座る」「寝る」などの基本的動作能力の回復・維持を目的に、理学療法に基づいたリハビリテーションを行なう専門職のことです。

理学療法とは、運動やマッサージ、電気や温熱などその他の物理的手段を通して、対象者の筋

力や関節の機能回復を目指す療法です

いわば理学療法士は、日常生活の自立をリハビリテーションの分野でサポートする専門職なのです。

現場の声④　**理学療法士　川島景敏**さん（グローバルキッズメソッド　今泉新町店）

運動を中心とした療育に取り組んでいます。

具体的な活動の内容としては、ボール遊びやサーキットトレーニング、体力向上プログラムなどがあります。

特別支援が必要な子どもたちに対して、様々な運動を経験させることを通して、生活動作能力や社会性の向上につながるよう工夫しています。

また、子どもが苦手な運動や動作に対して取り組む時には、直接、声のアドバイスをするだけではなく、どのような補助や場面環境がよいかを保護者やスタッフと情報共有し、周囲と連携しながら療育を行なっています。子どもたちの成長が何よりもうれしいです。

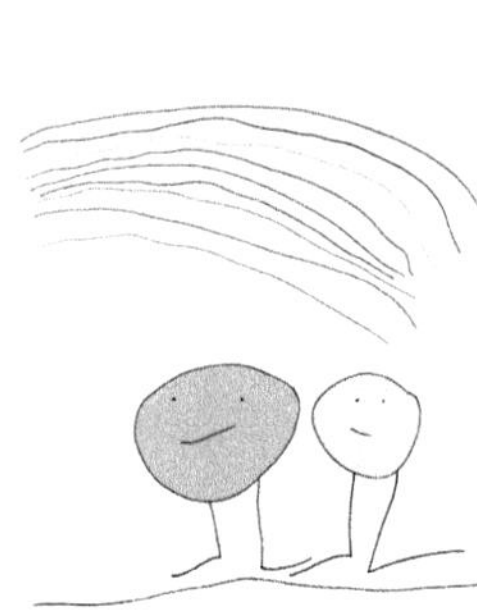

第8章

子どもの様々な問題に対する手立て

71 「厳しくすること」と「見逃してよいこと」の違いが知りたい

教育の場面では、指導する人と指導される人、お互いの人間関係がうまくいってこそ、初めて指導というものが成立するわけです。

ですから、単に指導すればよいのではなく、その子を目いっぱい愛して受け入れてあげる中で、指導をしていかなければいけないんですね。

そこでは「共感的理解」がものすごく大事になってきます。

ところが、保護者の皆さんからの質問を聞くと、愛しているからこそ本当に厳しくしなければいけない時と、あまり細かく言いすぎるとダメな時を混同して、迷われている方が多くいます。

この場合、私は保護者の皆さんにこう答えます。

「本当に愛している子どもであるならば簡単です」

私が考える、厳しく指導しなければいけないことは「警察に捕まること」「人に迷惑をかけること」の二つの観点だけなんです。

つまり、将来、警察に捕まること、人に迷惑をかけることだけを叱ればいいんですね。

そして、子どもにはっきり言ってあげるんです。

「ママがね、なぜこんなにあなたを叱るかというと、あなたが警察に捕まるからよ」「だって、あなたが大きくなってから警察に捕まったら嫌だもの。だから、厳しく叱るんだよ」

そして、

「あなたが今やっていることって、人に迷惑をかけるんだよ」「そんなことをやっていると、将来、学校でも、会社でもみんなから嫌われちゃうよ」「大好きなあなたがみんなから嫌われるのは、ママは嫌だから」

というように、あなたのことを想って叱っている、つまり、叱る前に、あなたのことを想っているのだということをお子さんにしっかり伝えてほしいのです。

たとえば、マナーとして、マスクをしないとか、他人の体を触るなども絶対ダメでしょう？　こうしたことも教えてあげてください。

続いて、ある程度は見逃してもよいことをお話しします。

本書の読者のお母さん方に聞きますが、お子さんが鼻クソをほじくっていたらどうしますか？　さらに次

共感的理解から指導が始まり笑顔も生まれる

には鼻クソを食べました。

ハイ、どうされますか？

ほとんどのお母さんは「汚いからやめなさい」と強く叱りませんか？

でも、よくよく考えてみると、なぜ食べるかというと、実は人に迷惑をかけないように食べているんですね。

だって、鼻クソを周りに放ったら迷惑かけるじゃないですか。

だから私は、鼻クソをほじくって食べている子どもを見ると、「美味しい？」と聞くんです。

すると、「美味しくない」と返ってくる。

「じゃあ、先生の食べる？」と聞くと「絶対嫌だ」と答えます。

「何で？」と言うと「汚いから」

「じゃあ、食べるの、やめようか」と。

この会話の後、二回目に鼻クソをほじくっている時に私が近づくと必ずやめますからね。

つまり、「鼻クソをほじくるの、やめなさい！」と強く叱るほうがいいか、子どもに「美味しい？」と聞いて、二回目でパッとやめるのか。

叱っても、「美味しい？」と聞いても、やめることは一緒でしょう？

とすれば、叱るのではなくて、見逃せばよいのではないでしょうか。

私、教員時代に小学校一年生を四回も担任したことがあるのですが、ある一年生の子が泣いて学校へ来ました。理由を聞くとこうです。

「朝起きてママに叱られた。朝の挨拶の声が小さくて怒られて、歯磨きの時間が短くて怒られて、ご飯の時にお箸を落として怒られて、服の前後ろを間違えて叱られて、床に水をこぼして……」

私は、朝からどれだけ叱るのだろう？　それって本当に叱る必要があるんだろうか、と思ったんですね。

お母さん方というのは、あらゆる場面でガミガミ言ってしまっている。

本当に叱らなくてはいけないことだけを、親は決めておかなければいけません。もう一度言います。「警察に捕まること」と「人に迷惑をかけること」だけを叱るようにしてください。

Q72 「絶対にやらせること」と「無理させないこと」の違いが知りたい

絶対にやらせることとは、「大人になってやること」。

無理させないこととは、「大人になってやらないこと」です。

実は学校というのは、「大人になってやらないこと」を結構多くやらせるところなのです。

それはどんなことでしょうか？

「三角食べ」「リコーダー」「大縄跳び」「合唱」「前へならえ」等々。

そもそも大人になってやらないことを、何回もやり直しをさせてやらせるわけです。発達に凸凹のある子どもは、それが大嫌いな傾向が強いんです。

でも、学校の先生はこう言います。

「今しかやれないことだからやらせる」

私からすればそれは大きなお世話です。

保護者の皆さん、もう一度、子どもを叱る前に考えてほしい。

それは「大人になってやることですか？」と。

大人になってもやることなら、しっかりやらせる。

子どもにとっても、理屈が通る話です。

私たち大人は、メリハリをつけて子どもを指導しなければならないと思うんです。

「先生は何をやっても叱る」「ママは何をやっても叱る」と子どもが泣くので、よくよく聞いてみると本当にその通りなんですね。

つまり、ガミガミお母さん、ガミガミ先生にならないようにするために、「これとこれについては叱るよ」と決めて指導するということが重要です。

「無理させないこと」とは、大人になってやらないこと。

「絶対にやらせること」は本人が嫌がっても大人になったらやらなければいけないことです。

たとえば、お風呂に入る、お金を払う、挨拶をする、挨拶がダメなら会釈をする、マスクをする、服は毎日着替えることなどをしっかりと教えていってあげてください。

Q73 ゲームの時間を守ることができない子への対応は？

まずは「約束を決めてしっかり守らせる」ということが大事です。

自動車ってそうじゃないですか？

約束を守る者だけが車に乗れて、約束を守らないと罰金、免停、免許取り消しという具合に罪が重くなっていきますよね。

子どもたちにとってゲームはとても魅力的です。また、「ゴネればやれる」と思っているところがある。

でも、大人になって交通違反をして、ゴネたら公務執行妨害で逮捕されます。

それと同じことです。

約束を守るものだけが運転免許証を与えられる。

約束を守らなければペナルティを与える。それだけのことです。

それを子どもたちはゴネればゲームが長くやれる、壁を蹴飛ばせば許してもらえると「誤学習」をするんですね。

だから、しっかりと事前にゲームの約束の時間を決めて、そして守らなかったらペナルティ。これが大切です。これが一つ目ですね。

二つ目のポイントは、「約束を守ったらどうするのか」ということです。

私は「ゲーム貯金」というご褒美を与える方法についてよく提案します。

子どもというのは、ゲームをやらないと「あぁー、今日、ゲームやってない！」と言って、夜中にやりだしたりするんです。

でも、ゲーム自体、無理して絶対にやる必要はないものです。

やらなかった時間は「貯金できるよ」と言ってあげるのです。

つまり、やらなかった時間をポイントとして貯めて貯金ができるようにして、貯まったポイントで回転寿司に行けたり、新しいゲームを買ったりできるようにするのです。

さらに家のお手伝いをしたり、進んで宿題をやったりすると「貯金が三〇分できるよ〜」と。

要は、ゲームをやらなくて我慢した時間に加えて、良い姿が見られた時には、ボーナスポイントにするんですね。

ですから、ゲームについては「守らなかったらバツ」「守ったらご褒美」という、ほめることと叱ることを徹底するとよいと思います。

保護者の皆さんの中には「ゲームを持たせない」という方もいます。

実はこれ、間違った指導なんです。

なぜなら、今、高校生ぐらいになると、スマホを与えられる子がほとんどです。今まで全くやらなかった子が、高校生でスマホデビューすると、一気に狂ったように課金ゲームなどをしてしまうケースが出てくるのです。

だから、今は、ゲームさせないという時代ではなく、「早いうちからどうやらせていくのか」という観点で教えていくことが大事なんですね。

ちなみに、ゲームの時間がコントロールできない子の多くは、将来、クレジットカードの利用や飲酒等でトラブルになりやすいと言われています。我慢ができないから、どんどん使ってしまうんです。飲酒してしまうのです。そういう意味でも、小さいうちから、ゲームの時間を自分自身でコントロールできるようにするということは大切だということですね。

Q74 気持ちの切り替えが苦手で、時間を守れない子への対応は？

私は音楽を使うという方法をお勧めしています。

たとえば、皆さんがスーパーで買い物をしている時、閉店五分前ぐらいになると店内に音楽が流れませんか？

音楽が流れると、「ああ、もうすぐ閉店」と急いで買い物するでしょう？

地域でも、夕方五時になると、音楽が流れて「カラスと一緒に帰りましょう♪」のフレーズで「あっ、そろそろ帰らなきゃ」となる。

そう、音楽は気持ちを切り替えるツールであり、きっかけを与えてくれるんですね。

発達障害や知的障害の子というのは、わかっていないのではなく、気持ちの切り替えが苦手で苦しんでいる状態の子が多いのです。

そのためには、音楽をうまく使うのです。

たとえば、我が家における「片づけの曲」「お風呂の曲」「就寝の曲」などを決めて、この曲が流れたら「片付けだよ」「お風呂だよ」「もう寝るよ」というように習慣づけをするのです。

中でもお勧めなのは、子どもが好きなアニメの曲です。

子どもは自分が好きなアニメの曲が流れると、番組はもうエンディングの時間だと脳の中で変換されています。

そのアニメの曲を流しながら、「そろそろ終わりだよ〜」と声をかければ、子どもにとっては終わりのタイミングが来たと気持ちの切り替えができます。

併せて、音楽を何にするかは、親が勝手に決めるのではなくて、子どもと一緒に相談しながら決めていくと、より効果があると考えます。

Q75 片付けが苦手な子への対応は？

子どもはなぜ片付けができないかというと、「片付ける」という言葉の中に、三つの命令が入っているからなんですね。

つまり、親が言う「片付けなさい」には、「集める」「分ける」「整頓する」という三つの指示が入っているんです。

片付けは、集めただけじゃダメです。集めたら、それを分類して、しかるべきところにしまわなければダメですよね。

この、集める、分ける、整頓するという三つのことを「片付けなさい」と一言で言われてしまうので、できないんです。

他にもあります。

算数の文章問題が苦手という場合。

なぜか計算はできるけれど、文章問題は苦手。

文章問題って、「文章を読んで理解する」「式をたてる」「計算する」「答えを正しく書く」という、四つの作業があるでしょう？

だから苦手なんですよ。

大人の世界にもありますよね。

ある時、舅・姑さんが急にやって来て「私たちのごはんも作ってね」と言われたら、ムカつきますよね。なぜムカつくかというと、舅・姑さんはお嫁さんに対して「ごはんを作って」って一言、言うだけですが、ごはんを作るお嫁さんにとっては、

一、買い物をし直す必要が出てくる

二、作る量が増える

三、片付けが増える

と三つの仕事が増えるんです。

ですから、イラっとするんですね。

では、子どもの療育ではどうするか。

「スモールステップで、一つずつやらせていく」ことです。

例をお話ししますね。

小学校一年生の時は、段ボールを一個用意して「とにかくこの中に全部入れて」と集めるだけでよい。

段ボールの中に全部入ったものをお母さんが分けて整頓するわけですね。

それから、二年生になりました。二年生になったら三色の段ボールを置きます。赤色はおもち

や、青色は勉強道具、黄色は洋服や学校のお手紙など。

ちなみに、学校でもゴミ箱が分かれています。

燃えるゴミ、燃えないゴミ、ビンやカン。だからご家庭でも必ずできるはずです。

三つぐらいに分けたものを、あとは保護者が整頓してあげるわけですね。

そして、三年生になりました。三年生になったら、三つに分けた段ボールのうち、「勉強道具だけは机にしまおうね」と言ってあげてください。

続いて、四年生になりました。勉強道具は机、おもちゃはおもちゃ箱というように、順番に整頓できるよう促していくわけです。

ですから、五年、六年かけてできるようにしていくのがお勧めです。スモールステップで指導していけば、取り組む時間は少し長く必要になりますが、必ずできるようになっていきます。

Q76 同級生の仲間とうまくかかわることができない子への対応は？

本人が悪いと責めないでください。

それは周りの同級生が未熟だから、うまくかかわることができないと考えてほしいんですね。

たとえば、周りの子どもが約束を守らなかったり、途中でルールを変えたりするので、うまくかかわれないんです。

学校の先生たちは、仲間とうまくかかわれないことを知ると、別の子とくっ付けようとして、またトラブルになります。それで、どんどんトラブルが増えていって、子どもは誰とも遊ぶのが嫌になってしまうんですね。

その場合、答えは簡単です。

「大人の友だちをつくる」んです。

大人は、精神的に成長していますので、凸凹のある子どもをしっかりと受け入れてくれます。

まずは、大人の友だちをいっぱいつくる中で、コミュニケーションの仕方を学び、そして自己肯定感を高めていくことから始めていくのです。

しかし、ある保護者の方は私にこう言いました。

「そんなことを言ったら、ウチの子は、いつまでたっても同級生と遊べないじゃないですか」

安心してください。

焦らず一〇年待ってください。

一〇年経つと、周りの友だちはみんな大人になります。

つまり、大人とうまく付き合える力を付けていけば、一〇年後はみんなとうまく付き合えるようになっています。

要は周りが未熟さから卒業し、成熟するまで待ってあげているわけですね。

それまでの間、自分とうまくかかわれる大人と付き合う機会を増やせばよいのです。

だから、保護者の皆さんも含めて周りの大人は、「この子に友だちをつくってあげよう」とするのではなく、「この子を理解してくれる大人を探す」ようにしてほしい。

それはピアノの先生でもスイミングスクールの先生でもよいのです。

同級生の友だちを探すのは大変かもしれませんが、この子を理解してくれる大人を探すのは、比較的簡単だと思いますよ。

まずは、大人の友だちをつくるところから、始めてみてください。

Q77 宿題をやりきることができません。担任にどう話せばよいですか？

そもそも、宿題とは何でしょう。

宿題というのは、学校でできるようになったことを定着させるために繰り返しやるのが宿題なんですね。

学校は、できないことをできるようにする、わからないことをわかるようにするのが学校の仕事です。

ですから、できない宿題をやらせてはダメなんです。

だって、保護者の皆さんはプロの先生ではないのですから。

もし子どもが「わからない、できない」と言ったら、お手紙に「ウチの子が理解していません」「学校でもう一度教えてあげてください」と書いて学校の先生に返せばいいんです。それを家でやらせようとするから大変なことになるんですね。

さらにお話ししましょう。

宿題というのは「学校でできるようになったことを定着させる」ものですが、保護者の多くは「宿題が足りない」とおっしゃいます。

確かに、ドリルの目安として、五分、一〇分と書いてあるからなんですが。

しかし、学校でできるようになったことを定着させるのであれば、宿題が五分や一〇分で終わってしまうのも当然です。

ところが、保護者の方から「先生から言われないと、ウチの子はやらないんです」「宿題にしないとやらないんです」「早く終わってしまうので、もっと宿題を増やしてください」という苦情や要望が多く出てくるのです。だから、先生の発想も変わるんですね。

つまり、定着させるための宿題から、「長時間各家庭でも机に向かってやる宿題にしよう」となるわけです。

皆さん、漢字ドリルの宿題を知っていますか？

漢字を上に書いた後、下に何回も繰り返し書かせる漢字練習があったでしょう？　あれがまさ

にそうです。拷問でしょう？（笑）

「あれは何の意味があるんですか？」と聞いても、先生は答えられませんから。

それから、計算ドリル、ありませんでしたか？

わり算の筆算二〇問。なぜあのような筆算を二〇回もやらなければいけないのか？　すべて計算機でできるのに。

まさに、長い時間、机に向かわせるための宿題なんですね。

ここで、何が言いたいかというと「宿題を減らす」ということなんです。

本当に意味がある宿題だけ、やらせればいいんです。

前述した「カレーライス理論」と同様、本当にやらなければいけない宿題と、これをやれたらいいなという宿題、その軽重をつけてあげることが重要なんです。

そして、保護者の皆さんが子どもに胸を張って「この宿題は今やらないと後で大変なことになるんだよ」と確信が持てるものだけをやらせるようにする。

やってもやらなくてもいいような宿題もありませんでしたか？　それは後回し、場合によっては無理してやらせる必要はないのです。

今、思えば何の意味があるのか？　定型発達の子は普通にできてしまうので、何の疑問ももたずに取り組んで提出するわけですね。

でも、特別支援が必要な凸凹がある子たちは違うのです。

ぜひ軽重をつけて、宿題を減らしてもらってください。

78 教室を飛び出したり、友だちを叩いたりします。どうしたらよいですか？

療育は「医療と教育」とお伝えしましたが、まずは教育です。

教育で限界を感じたら「医療」です。

私たち大人でもそうですよね。たとえば、熱が三七度五分だったら、今日はお風呂に入らずに、消化の良いものを食べて早く寝ようとします。

それが、三九度だったらどうしますか？

病院へ行きませんか？　処方薬も飲みますよね。

つまり、今のお子さんの状態が三七度五分であれば教育でよいのですが、三九度だったら、病院、または薬が必要になるということを冷静に考えなければいけません。

たとえば、授業中に「ぼーっ」としているとか、忘れ物が多いとか。そうしたことは教育で直していくんですね。

ところが、この質問では、教室を飛び出してしまう、そして友だちを叩くんでしょう？

これは、熱でいうと何度ぐらいでしょうか。

恐らく、三八度は超えているでしょう。

ですから、医療、薬が必要なのです。「薬は嫌です」ではなくて、今のお子さんの問題が、教育で対応できる範疇なのか、限界を超えているのか。

冷静に判断をして、早く専門の医師に診てもらうことが大事だと思います。

これは子どもなので、まだ許される部分があるけれど、中学生で友だちを殴ったとしたら、警察がやってくる場合もあります。

また、高校で教室を飛び出したらどうなりますか？

何度指導しても改善がみられなければ、停学→留年→退学となっていってしまいます。

小学生だから許されているだけで、これまでもお話ししたように大人になって許されないことは、子どものうちからしっかりやれるようにしておくことが大切です。

やはり、教育から中心にやっていくのですが、教育で無理だったら医療を使わなければダメだということですね。

79 夏休みのお勧めの工作や取り組みを教えてほしい

夏休みの子どもの宿題は、実は保護者の皆さんにとっても大きな負担となっていませんか？

私は教師として、保護者として、療育施設の経営者として以下の工作をまずはオススメします。

その観点は、「早い」「安い」「失敗の心配がない」「子どもに満足感や充実感」があることです。

「そんなものがあるのか？」ですって？

こちらの写真をご覧ください。

これらは、すべて実際に私が実践している工作です（四つの例を写真で提案）。

たとえば、「粘土などでつくるお弁当づくり」です。これらはすべて一〇〇円ショップで材料がそろいます。

また、「ひっかき画」です。まずは、白い画用紙にランダムにクレパスで色を適当に塗りつぶした後、今度は黒ですべて再度塗りつぶします。後は、爪楊枝等でひっかくだけ。とてもカラフルな絵が浮き出てきます。こちらもすでに既製品として一〇〇円ショップでもひっかく用紙が販売されています。何度失敗しても、上から再度黒で塗りつぶせば修正できることも魅力です。

現在、一〇〇円ショップは「教材の宝庫」です。まず一度見に行ってほしいと思います。

また、「一課題・一研究」をやらなくてはならないのであ

色つきの粘土で作るお弁当の工作

れば、「僕・私の料理日記」をオススメします。

とても簡単です。親子で料理を作って、写真を撮り、食べた感想をまとめていくだけです。一〇〇円ショップで、二〇ページ程度のＡ４クリアファイルを購入して、一つの料理で一～二枚にまとめていくとよいでしょう。

難しい料理など不要です。はじめは牛乳を量って混ぜるだけの「フルーチェ作り」、そして次は、

LEDライトを入れると本格的なキャンドルになります

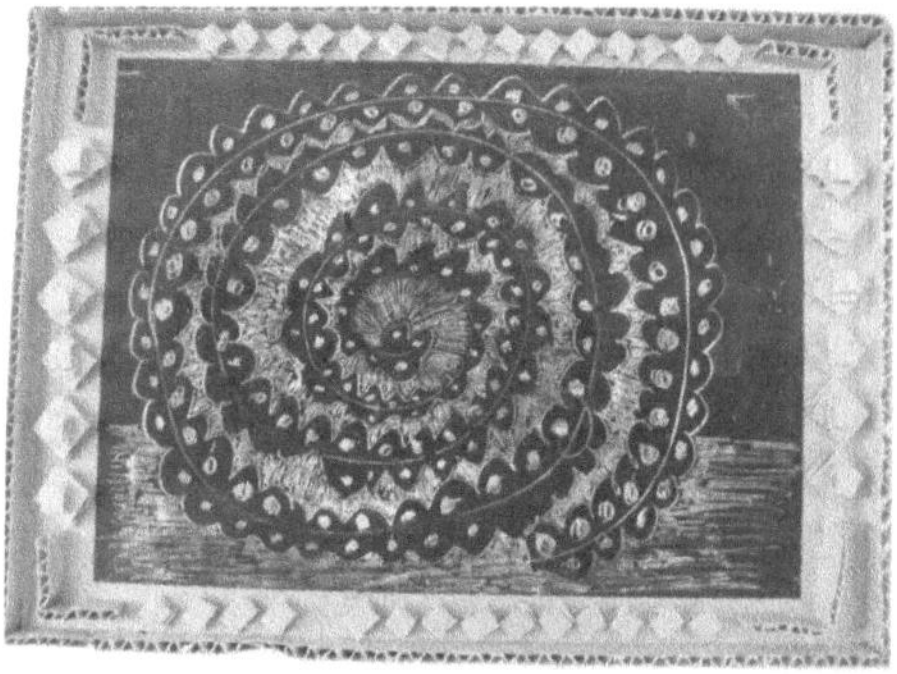

失敗をしても大丈夫！　描き直しが容易なひっかき画

100円ショップですべての材料がそろうリース作り

加熱して冷やす「プリン作り」、そして次は卵も使う「ホットケーキ作り」、その次はさらに発展して具材を切る「お好み焼き作り」という具合です。

親子の温かいふれあいも増え、しかも美味しく食べて終わることのできる内容です。何に取り組もうか迷っている保護者にはオススメの内容と思います。

80 学習支援（長文理解）の方法が知りたい

特別な支援が必要な子どもたちにとって最も苦手な学習の一つが「国語の長文理解」です。

ここでは、保護者の皆さんが家庭でも簡単に長文理解の指導ができるコツをお教えします。

そもそも「なぜ長文理解が苦手なのか?」。それは、文が長くて、どこを見てよいのかわからないからです。

たとえば、「市内のどこかに一万円を隠したので、見つけたらプレゼントします」と言われたようなものです。

確かに「一万円」と言われれば魅力的ですが、「市内のどこか」と言われて意欲的に探し始める人はまずいないはずです。

そうです。範囲が広すぎるのです。

しかし、「足下にありますよ」と言われたらどうでしょうか？

必ず足下にある一万円を拾って持って行くはずです。

そうです。「答えが近くにある長文問題を解かせる」ことから始めるのです。特別支援が必要な子どもたちに、その学年の長文問題を解かせるからダメなのです。

私は、今までの教員生活の中で、四回も小学校一年生を担任させていただきました。その中で、はじめに取り組ませる長文理解の問題が、次のページの問題です（特に1の問題を注目してください）。

いかがですか？

まさに発問に対して解答になる部分が、すぐ前や後ろに書かれています。そうです。このように、近くに答えがある長文問題から取り組ませて、自信をつけさせながら指導していくとよいのです。

私は、特別支援教育を進めるにあたっていつも恩師である岐阜大学の柚木先生のことばを思い出します。

「できることからの出発」

ぜひ皆さんも、できないことを取り組ませるのではなく、まずは、できる充実感や満足感を味わわせる教育・子育てからはじめてみませんか？

かくにんテスト

こくご1ねん

1 よんで こたえましょう。 【50てん】

おじさんは、とっても りっぱな かさを もって いました。くろくて ほそくて、ぴかぴか ひかった つえのようでした。

おじさんは、でかける ときは いつも、かさを もって でかけました。

すこしくらいの 雨《あめ》は、ぬれた まま あるきました。かさが ぬれるからです。

もう すこし たくさん 雨が ふると、雨《あま》やどりして、雨が やむまで まちました。かさが ぬれるからです。

いそぐ ときは、しっかり だいて、はしって いきました。かさが ぬれるからです。

雨が やまない ときは、

「ちょっと しつれい、そこまで いれて ください。」

と、しらない 人《ひと》の かさに はいりました。かさが ＿＿＿。

もっと もっと 大《おお》ぶりの 日《ひ》は、どこへも でかけないで、うちの 中《なか》に いました。そして、ひどい かぜで かさが ひっくりかえった 人を 見《み》て、

「ああ よかった。だいじな かさが こわれたかも しれない。」

と いいました。

（佐野《さの》 洋子《ようこ》「おじさんの かさ」より）

(1) おじさんの かさとは、どんな かさでしょう。 一《ひと》つ7（14てん）

くろくて ＿＿＿、＿＿＿ ひかった つえのような りっぱな かさ

(2) おじさんは つぎの とき、どうしたでしょう。 一つ7（28てん）

① すこしくらいの 雨の とき。

ぬれた まま ＿＿＿。

② いそぐ とき。

かさを しっかり だいて、＿＿＿。

③ 雨が やまない とき。

しらない 人の ＿＿＿ に ＿＿＿。

(3) ＿＿＿ には どんな ことばが 入《はい》るでしょう。 （8てん）

＿＿＿ からです。

〔うらめんへ つづく〕

国ウ・小1

2 よんで こたえましょう。【35てん】

たおれた 木《き》から、ピョンと ジャンプして じめんに おりた ひめねずみの 子《こ》は、木の 実《み》に、ゆっくり ちかづきます。

はなで においを かいで たしかめてから、虫《むし》の ついて いない 実を えらび、口《くち》で くわえて つまみあげます。

実を りょうてで ささえ、くるくると まわして、しっかりと くわえる ことの できる ところを みつけます。そして、ものかげなどの あんぜんな しょくじ場《ば》に はこんで たべます。

ひめねずみは、するどい 前歯《まえば》で、じょうぶな 皮《かわ》を さいて はがしたり、かたい からに あなを あけたり して、なかみを たべます。

（今泉《いまいずみ》 吉晴《よしはる》『がんばれひめねずみ』より）

(1) ひめねずみは どんな 実を えらんで たべるでしょう。（7てん）

［　　　　］実。

(2) ひめねずみは 木の 実を どのように はこぶでしょう。一《ひと》つ4（8てん）

［　　　　］で しっかりと ［　　　　］はこぶ。

(3) ひめねずみは どこで 木の 実を たべるでしょう。一つ4（8てん）

［　　　　］などの ［　　　　］な しょくじ場 で たべる。

(4) ひめねずみは 木の 実の なかみを どのように して たべるでしょう。一つ4（12てん）

・前歯で、［　　　　］を ［　　　　］はがす。

・からに ［　　　　］を あける。

3 つぎの まちがって いる ことばを 正《ただ》しく かきなおしましょう。一つ5【15てん】

(1)  ミシン

(2)  アイク

(3)  テーズ

くみ		ばんごう		名《な》まえ		とくてん	なにも かかない こと。

－2－

こたえ

【かくにんテスト】

1

(1) （くろくて）はそくて（、）ぴかぴか（ひかった）つえのような　りっぱな　かさ）

(2) ①（ぬれた　まま）あるきました（。）

②（かさを　しっかり　だいて）はしっていきました（。）

③（しらない　人の）かさ（に）はいりました（。）

2

(3) ぬれる（からです。）

(1) 虫のついていない（実。）

(2) 口（で　しっかりと）くわえて（はこぶ。）

(3) ものかげ（などの）あんぜん（な　しょくじ場で　たべる。）

(4) （前歯で、）皮（かわ）（を）さいて（はがす。）（からに）あな（を　あける。）

3

(1) ミシン

(2) マイク

(3) チーズ

てびき

1

(1) おじさんの　かさは、「でかける　ときは　いつも」もって　でかけたく　なるくらい「りっぱ」だったのです。

(2) ①「すこしくらいの　雨《あめ》は」、②「いそぐ　ときは」、③「雨が　やまない　ときは」と　いう　ことばに　ちゅうもくしましょう。

(3) おじさんは、「でかける　ときは　いつも、かさを　もって　でかけ」て　いたのに、雨が　ふって　きても、かさを　さそうとは　しませんでしたね。とても　だいじな　かさだったので、おじさんは　ぬらすのが　いやだったのです。

2

(1) 「どんな　実《み》を　えらんで　たべるでしょう」と　あるので、「木《き》の　実」と　いう　こたえは　まちがいです。

(2) 「虫《むし》の　ついて　いない　実」を　口《くち》で　くわえて　はこぶのです。

(4) ひめねずみが、木の　実の　なかみを　たべる　ようすは　さいごの　まとまりに　かいて　あります。

3

(1) 「ツ」を「シ」に　なおしましょう。

(2) 「ア」を「マ」に　なおしましょう。

(3) 「テ」を「チ」に　なおしましょう。

出典：学書「ウインター練成　小1こくご　かくにんテスト」

終章

「学校」「家庭」「医療」「福祉」が一体となることの重要性

子どもの教育は、〝学校だけに任せればよい〟という時代は終わりました。特に発達に凸凹がある子どもたちであれば、なおさらです。

次ページの図表にもあるように、今後は「学校」「家庭」「医療」「福祉」をフルに使って、子どもたちを包括的に支援をしていくことが重要になってきます。

保護者の皆さんにおかれましては、〝待つ姿勢〟ではなく、より良い療育を進んで求めていくことが鍵になります。

行政や学校から進んで紹介されるケースは減っています。

困った時には私のような専門家に尋ねてみてください。

常にお子さんに合った最新の情報を提供してくれるはずです。

全国各地で多くの教育相談を受けていると、本当に心温まる事例に遭遇することがあります。

最後に著者が盛岡の療育施設でかかわっているあるご家庭を紹介したいと思います。

こちらのお母様とは盛岡の講演会で出会い、その後、著者が療育アドバイザーをしている放課後等デイサービスで教育相談を継続的に行なってきました。

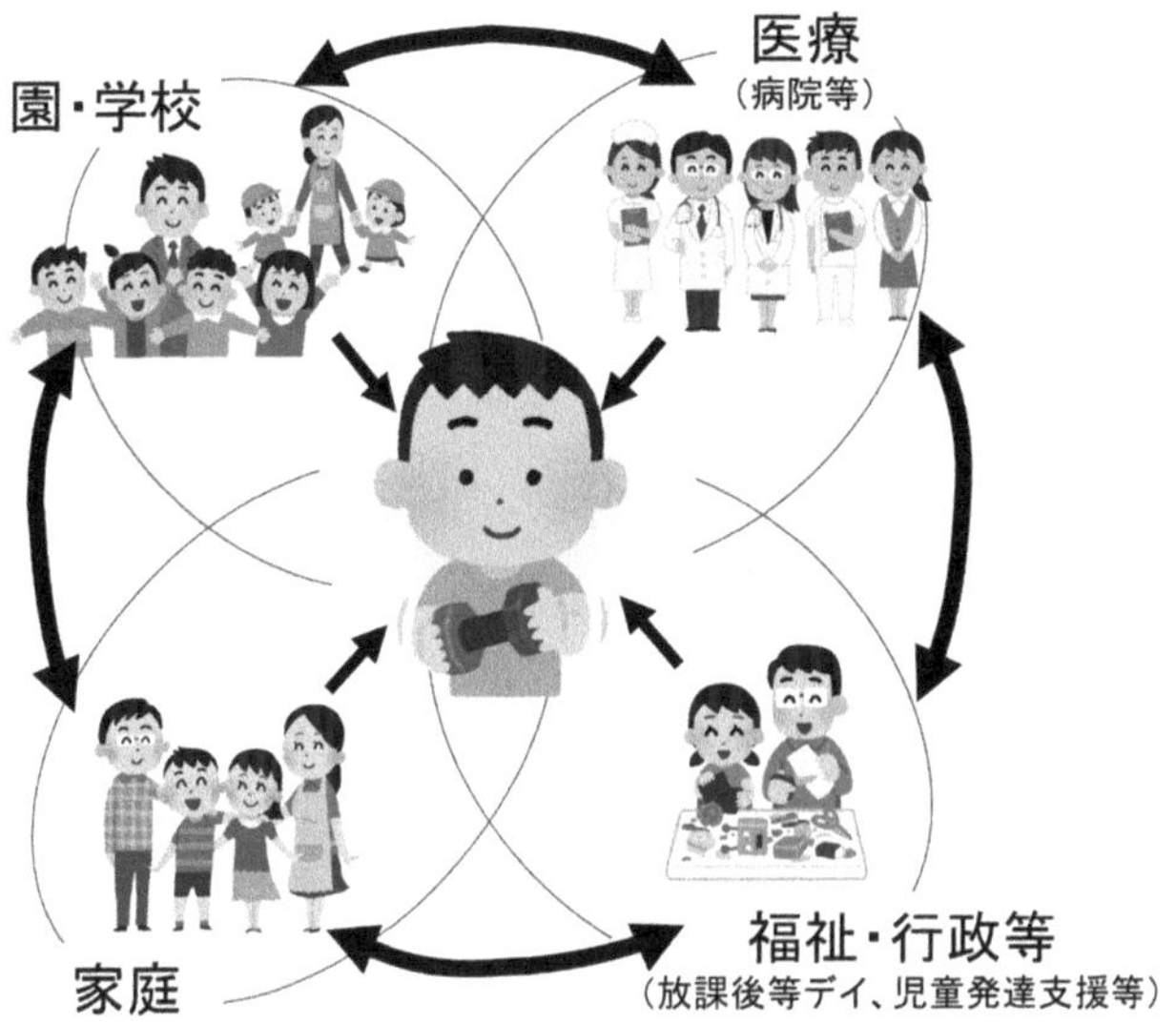

学校連携のあり方や家庭内でのかかわり方を相談しつつ、お子さん自身とも何度か一緒に手品などをしながら直接かかわってきました。

先日、お会いすると一冊の本をプレゼントされました。

第55回『ＮＨＫ障害福祉賞入選作品集』（ＮＨＫ厚生文化事業団）で姉妹そろって優秀賞という評価を受けたそうです。

これまでお話ししてきたように「学校」「家庭」「医療」「福祉」が一体となり、前向きに子育てをすると、〝こんなに温かい立派な子どもたちになるんだ〟というお手本のような事例です。本書の読者の皆さんにもぜひ、ご一読いただきたいと思い、掲載させていただきました。（※山田さん、ＮＨＫ厚生文化事業団様、掲載にご理解とご協力いただきありがとうございました）

注：ＮＨＫ厚生文化事業団
全文が掲載されています。https://www.npwo.or.jp/info/18051
山田永菜さん「一ねんせいはたいへんです」
content/uploads/2020/12/5503_yuusyuu1_yamada-.pdf
山田結心さん「私だから出来る事　私しか伝えられない事　妹と私の共存四年目」
https://www.npwo.or.jp/wp-ontent/uploads/2020/12/5505_yuusyuu2_yamada-.pdf

優　秀　―第一部門―

一ねんせいはたいへんです

山《やま》田《だ》永《え》菜《な》

しょうがいしゃのひとは、きっとふべんです。めがみえないひとがつえをついていて、そこになにかものがあったらとおれません。くるまいすのひとのとおるみちに、くるまいすがとおれるひろさがなかったらとおれません。だれかがきづいて、ものをよけてくれたりしてくれたらとおれます。

わたしは、みんなとふつうにおはなしができます。きょうかしょもよめます、プリントもかけます。かけっこもできます。わたしはみんなにはしょうがいしゃにはみえません。

わたしは、しょうがいがあります。はったつしょうがいです。みんなとおなじことをするのがむずかしいことがたくさんあります。

かんかくかびんがあります。おおきなおとがにがてです。はなびや、たいこのおとや、こうじげんばのおとは、しんぞうがドキドキするくらいこわいので、ヘッドホンをします。

においがにがてです。レストランのいいにおいはぜんぶまざってしまって、きもちわるくなってしまって、はいてしまいます。かぞくでがいしょくをしたことはほとんどありません。おねえちゃんたちや、おとうとに、ごめんねといつもおもいます。えんそくのときのおべんとうや、おねえちゃんたちのうんどうかいのおべんとうも、しらないところでたべるので、はいてしまいます。とってもおなかがすいているのに、おかあさんがせっかくつくってくれた、だいすきなたまごやきがはいっているおべんとうも、たべられません。

いっぱいたべたいです。でもたべられません。イライラします。なみだがでて、とまりません。おかあさんに

「おはなししてごらん」

といわれても、いいたいことがあたまのなかをぐるぐるしていて、なにからはなしたらいいのかわかりません。じぶんのきもちがどこにあるのかわかりません。

がっこうのじゅぎょうのとき、みぎがわからほかのクラスのせんせいのこえがきこえます。ひだりがわから、わたしのせんせいのこえがきこえません。一ねん一くみで、どんなじゅぎょうをしていて、いま、なんのもんだいをやっていて、どういうふうにやるのか、せんせいのはなしがぜん

ぜんきこえません。ちょうかくかびんです。ざわざわのほうがおおきくきこえて、せんせいのこえがきこえません。おとはこわいのに、ひとのこえはきこえません。だからじゅぎょうがわからなくなります。

みんなはきっと、へんだ、とおもっているとおもいます。ほけんしつでおやすみすることもたくさんあります。べんきょうでわからないことがあるときは、おねえちゃんや、がくどうのせんせいにおしえてもらいます。がくどうは、わたしみたいな、はったつしょうがいのこがくる、がくどうです。

わたしのしょうがいはめにはみえません。だから、おかあさんとか、おばあちゃんとかおねえちゃんたちがたすけてくれます。がっこうのせんせいもたすけてくれます。

でも、おともだちとうまくできません。やすみじかんに、みんなとこうていであそぼうとおもったら

「えなちゃんとはあそばない」

といわれました。なきたいきもちになりました。でも、ないたらせんせいがしんぱいします。くつばこにもどってくつをはきかえたらおかあさんが、がっこうにきていました。もっとなきたいきもちになりました。おかあさんにはなしをして、きょうしつでほんをよむとはなしました。でもおかあさんが

「いっしょにあそぼうっていってごらん」
といいました。またいうのは、ゆうきがたくさんいります。なかよしのおともだちがふたりいたので、おもいきって
「いっしょにあそぼう」
といったら
「いいよ」
といってくれました。うれしくておかあさんに
「あそんでくるね」
といいました。ゆうきをだしてはなしてみてよかったとおもいました。
わたしが、ないてなにもしゃべらなかったり、ほけんしつによくいったり、みんなとちょっとちがうから、みんなはわたしのことをへんだとおもっているかもしれません。
せんせいは、わたしのちょうかくかびんのこととかをクラスのみんなにせつめいしてくれました。なんでヘッドホンをするのかも、はなしてくれました。なかよしのおともだちは、なにもいいません。おともだちのおかあさんもわたしにとてもやさしいです。コロナで、さんかんびが一かいしかなかったからまだ、わたしのおかあさんも、だれがおともだちのおかあさんかわからないこともあります。

あるとき、クラスで
「そんなこともできないの」

といわれました。なきたくなりました。みんなには、かんたんにできることがわたしにはなかなかできません。なきたくなったけど、

「わたしにはちょっとむずかしいの」

といったら、

「一ねんせいなのにね」

といわれました。一ねんせいだけど、わたしはみんなよりできないことがたくさんあります。でも、みただけではわかりません。ランドセルにヘルプマークもつけているけど、ヘルプマークもいみをしらないひとがたくさんいるから、きづいてもらえません。

わたしは、がっこうにはいってわすれものがおおくなりました。おかあさんがなんかいもとどけてくれました。ちょっとそこまでのスーパーにでかけたとき、ヘッドホンをわすれて、バスがとまってブレーキのおとがしたり、こうじげんばのおとがするとき、おかあさんは、さっとわたしのみみをふさいでくれます。おかあさんに、ありがとうをいいます。おかあさんは
「ママは、えなのママだから、ありがとうをいわなくてもいいよ。だってかぞくだから。でもがっこうのせんせいや、がくどうのせんせいとか、クラスのみんな、ほかのおかあさんにたすけてもらった

ときは、かならず、ありがとうをいってね」

といわれます。

おねえちゃんたちとは、いつもけんかをします。でも、わたしがじぶんのきもちをつたえるのがにがてだとわかって、ちゅうがくせいのおねえちゃんと、おかあさんが、きもちのカードをつくってくれました。おこってるとか、かなしいとか、たくさんかおのえがあって、ほけんしつでやすみたいです、とか、きょうしつにもどります、とかの、えもあります。おねえちゃんは、びじゅつがとくいです。ことばできもちをいえないときは、そのカードをつかってゆびをさして、せんせいにきもちをつたえます。

ときどき、みんなどうしてわかってくれないの、とおもってイライラしてしまいます。でもおかあさんが
「えながつらいことは、みんなにみえないし、こっせつしたことがないひとは、こっせつのいたみもわからないから、なったひとしかわからないの。でも、にがてなんだよってしってもらうことはできるとおもうよ」

とわたしにいいました。だから、なつやすみは、じゆうけんきゅうに
「わたしのせつめいしょ」

をつくることにしました。ことばでは、せつめいするのはにがてなので、もぞうしに、わたしのに

がてなことや、みんなよりとくいなことをかいた、せつめいしょをかくことにしました。

ちゅうがくせいのおねえちゃんも、わたしのしょうがっこうのそつぎょうせいです。にばんめのおねえちゃんは、ごねんせいで、さくぶんがとくいで、わたしにおしえてくれます。じどうかいのふくかいちょうで、とてもかっこいいです。わたしも、かっこいい一ねんせいになりたいです。いつもないていたらせんせいも、おかあさんもこまります。

わたしに、ぶんしょうをかいてみたら？　といってくれたのは、おかあさんです。ことばでつたえるのがにがてなら、もじで、つたえてみたらいいよ、といわれたので、じゆうちょうにおもっていることをたくさんかきました。かいたことをまとめました。

わたしのしょうがいは、だれのめにもみえません。こわくても、きもちわるくてぐあいがわるくてもみえません。みんなよりできないことがあっても、それもみんなにはわかりません。わかってもらうのはたいへんです。だから、おかあさんが
「わかってもらえなくても、しっててもらえてたら、それでいいんだよ」

といいました。にがてなことはたくさんあります。でも、みんなにしってもらえるようにまずは、わたしが、がんばりたいです。

優　秀　―第二部門―

私だから出来る事　私しか伝えられない事
妹と私の共存四年目

山《や》田《だ》結《ゆ》心《い》

障害をもつ人と、健常者は今、互いを思いやり、一緒に歩みを進めていけているだろうか。

私の妹は自閉、感覚過敏、注意欠じょを伴う発達障害がある。今年小学一年生になった。知的障害はないので通常学級になった。

発達障害と聞いても、今ではめずらしくもない。母と発達障害に関する講演会に行ったら一クラスに三人はいるだろうと言われていたし、妹の行っている病院も待ち時間は長く、患者さんであふれている。

保育園に通っている時から小さい困り事はたくさんあった。一番困るのは感覚過敏だ。感覚過敏は目に見えない。見えないから助けを求める事も、こちらが配慮する事も難しい。

妹の場合、匂いや音が大の苦手でこれこそ
「目に見えない苦痛」

だった。ただ感覚過敏は保育園の頃からあったので、母が二年も前から学校の先生と相談していた。給食の時間などにどう対応するかを入学するまでに考えていくためだ。

いざ学校に入って困ったのは忘れ物だ。注意欠じょの部分が大きく出た。毎日のように何かしらを忘れ、毎日のように母は届けた。

妹に新しい薬が処方された。

すぐに効く訳ではないので、毎日毎日、一緒に時間割をそろえて、朝は持っていくものを玄関に全部置いた。それでも忘れて、弟が中ズックを持って走って届けてくれる事もあった。分かってはいた。覚悟もしていた。一緒に学校に通うのは私だから、私が妹を守り、サポートしていくと決めていた。それでも限界があった。えん筆や消しゴムは一体何個無くしただろう。マスクは何枚無くしただろう。障害のせいだと分かってはいても悪びれる事もない態度をとられると私もイライラするし、母や姉弟も、どんどん疲れていった。

祖母も、優しく教えてあげてよ、というけれど、一緒に暮らして二十四時間共に生活している私からしたら、優しさ、にも限界があった。一方で妹の事を分かってもらうにはどうしたら良いのか、と考えている私もいた。

障害者と健常者が共存するように、私の中では

妹の事を常に考えている天使の私

毎日妹にイライラしている悪魔の私

が共存していた。どちらも私だ……。

妹の病院の先生は私にも話をしてくれる。それが私のイライラをおさめてくれていたのだと思う。

感覚過敏は誰にも分からない。音が大きく聞こえて心臓がドキドキするとか、ブレーキの音で頭が痛くなるとか、レストランに行ったら吐くとか、感覚過敏の人になってみましょうと言われても、それは出来ない。唯一、聴覚過敏の音声体験がネットにあったり、感覚過敏の子のＶＲ体験が出来るという画像が出た。ただそれは本当の感覚過敏を一体どの位再現しているのだろう。妹の苦しみは一体どの位の人が分かってくれるのだろう。

感覚過敏の人達は服の素材や、しめつけ、タグも苦手だ。その中で多かったのがマスクが苦手だ、という事だ。コロナで、外出でも、学校でも、マスクは必須になった。でも私の妹も苦手で頑張ってつけても、鼻の所をずらす、とか工夫をしていた。

そんな中、自分自身も感覚過敏をもつという中学三年の男の子が自分で会社をおこして、その中で、感覚過敏があるのでマスクをつけられません、というバッジを作った、という記事を見た。やは

り当事者でなければ分からない事がある、と思った私はその記事のコメントを見てショックを受けた。

「コロナなんだからマスクが出来ないなら外に出るな」

「感覚過敏は何でも許されるのか」

「店に入る時に手や袖で口をおさえればいい」

認知がされていない。それが私の第一印象だ。人より過敏だからマスクが出来ませんではない。マスクが口元にある事で息が出来ない錯覚になるという。実際パニックで過呼吸になる子もいるという。口を覆われている事でおきるのだから、手でおさえていても袖でおさえていても、口元をおさえられるという事は感覚過敏の人にとって
「息が出来なくなる恐怖」
と同じ事だ。もちろん、それを分かってほしい、とは言わない。健常者に分かるはずがないのだ。
だから私の母は
「理解はしてもらえないと思う。でも知っててもらう事は出来る」
といつも私達姉弟に言っている。私だって妹が発達障害でなければ、ここまで発達障害について勉強する事も、いろんな手段で伝える事もなかっただろう。当事者とその家族でなければ分からない事はたくさんある。

母が私や姉弟にいつも言ってきた事は、

「骨折をした事がない人に、その痛みも不便さも分からない。大変そうだなとは思っても痛みやどの位不便かは分からない」

と言っていた。

発達障害や感覚過敏は目にも見えなければ痛いわけでもない。私は春に骨折をして、松葉杖を使う事になったのだが、骨折があんなに痛く、松葉杖がこんなに体力を使い、不便なものだとは当事者にならなければ分からなかった。

発達障害が先天性のものだという事も、大人になれば健常者と変わらない生活が出来る人もいるとは知っていても、私は妹が毎日毎日忘れ物をする事や、朝の準備にはルーティーンがあって、その順番通りじゃないとダメなので一つずれると、やり直しになるから学校に遅れそうになって

「早くしてよ！」

とイライラする事もほぼ毎日だ。

一つ一つやる事を伝えなければいけないという事も、急《せ》かしても良い事など何もない事も分かってはいる。

妹の事を分かっていて上手に伝えられるのは母だけで、母は私達姉弟にも、こう言うと分かりやすいみたいだよ、と説明はしてくれるし、

「ゆい達だってまだ子供なんだから、そんなに上手に相手が出来なくてもいいんだよ」

とは言ってくれる。

妹は今年、一年生になって集団生活での共存が始まった。家の中でも、まだ上手に共存出来ていない所もあるのに大丈夫なのだろうか、と思った。様子を見に行きたくても、私の学年は四階、妹は一階、骨折している私が行き来するのはなかなか難しい。

保育園の頃より今の方が、困った事、難しい事がどんどん増えた。聴覚過敏もあるので先生の声が聞こえない。聞こえないから何をやっているのか分からない。やる事が分からないから集中出来ない。四月、五月は、ほぼ毎日のように保健室に行っていた。

「保健室は熱のある人とかケガをした人とかが行く所だから、行ってはいけない訳ではないけど、頑張れる時は行かないで頑張ってみようね」

母はそう声をかけていた。

耳からの情報が入りにくい事は聴覚過敏の診断でも分かっていたし、検査をした時にワーキングメモリーが低かったので、どう妹に伝えるか、が家族の課題だった。

ホワイトボードに朝の流れを書いてみたり、毎日持っていくものや、その日の流れを書いた。なぜかというと検査で知覚推理の力がとても高かったからだ。目から入る情報には強いと分かった。思い当たる所はたくさんあった。

妹とトランプで神経すい弱をすると、妹はあっと言う間に覚えてしまうので、姉弟の誰も妹にはかなわない。出かけた先の風景を覚えていて上手に絵で再現出来た。だから、書いて目に見える所に貼っておぼえさせる作戦だ。心理士の先生が

「健常者は記憶を映像、ビデオのように動画で記憶しています。でも、永菜ちゃんのように知覚推理が高い発達の子は、記憶は全部写真のように静止画です。だから健常者が忘れているような事を覚えているのです」

と言っていた。

強味《つよみ》が分かったのだから、なんとか伸ばしていきたいね、と母と姉と話していた。学校のみんなと共存していく。大人になったら社会と共存していく。でも妹は友達に

「一年生なのにそんな事も出来ないの」

と言われる事もあった。言葉で上手に気持ちを伝えられないので、クラスメートとうまくいっていないのかもしれない。母が学校に用事があって行った時、ちょうど休み時間で一年生が校庭にいたそうだ。妹もその中にいたのだが、その輪から抜けて、中ズックにはきかえて、教室に戻ろうとした所を声をかけたという。いつもは妹は母が来ると安心感とあまえで、泣いたり、一緒に帰ると言うらしいのだが声をかけると、

「どうしているの?」

と笑顔になり、学校に用事があって来たんだよ、と話したあとに
「みんなと遊ばないの?」
と母が聞くと妹はこう言ったという。
「永菜ちゃんとは遊ばないって言われた。だから教室で本を読もうと思ったの」
いつもいつも泣いている妹が、この時だけは泣かずに母に話をしたのだという。母が
「あの中にママが知ってる永菜のお友達はいる?」
と聞くと二人いたので
「じゃあみんなじゃなく、二人に一緒にあそぼうってさそってみたら? お天気もいいし」
というと、
「うん!」
と言ってまた校庭に戻っていき、また母の所に戻ってきて
「あやかちゃんとさちかちゃんがいいよって言ってくれたよ。遊んでくる!」
と言って校庭に戻っていったのだと、後から私は母から姉と一緒に話を聞いた。
「いじめられてる訳でもないし、永菜はパニックになるから、みんなどう接したらいいのか分からなかったんだと思う。パニックを見たらこわいって思う子もいるだろうし。でもみんなの輪にいたのに、たった一人で昇降口に戻っていく永菜の姿を見たらいたたまれなくなった。永菜の事を分かっ

て、知って、とも、まだ六歳や七歳の一年生の子には言えない。それでも一人で中に戻って、泣いてくれたら良かったのに、笑って遊ばないって言われた、って言ってる永菜を見るのはつらかった。ふつうに、ふつうに話すのが大変だった」

私と姉は、ただただ怒りで頭がいっぱいだった。わざわざ傷つける事をいわなくてもいいじゃないか。だれか一人位、一緒に遊ぼうっていってくれてもいいじゃないか。でも、母の言うように、一年生にそれを求めるのは無理だ。先生にも迷惑はかけられない。家で何とかするしかない。でも私だって家で毎日妹にイライラするのに、妹に何が出来るのだろう。

私は今、休み時間に妹の様子を見に行く事くらいしか出来ない。児童会に入っているので副会長の仕事があって毎日は行けない。妹に

「待ってたのに」

と言われた事もある。

「毎日行かなくていいよ。毎日じゃない方が自分でクラスの子と遊ぼうって行動してみるかもしれないからね」

と母に言われた。

妹のクラスの事ではないけれど、大人の人によっては、妹のような子とは関わらせたくないという大人もいるだろう。それはその家庭の自由だ。障害があるから優しくしなければいけないルールも

ない。

家族である私自身が妹にまだ寄りそえていないのに他の人に何かを言えない。病院、療育、学校、全てに走り回っているのは母だ。

四月、母は仕事を全てキャンセルしていた。コロナでほとんど何も出来なかった。私の住む岩手では、この頃感染者はゼロだったので、学校も毎日あって、いつもと変わらない毎日が続いていた。母は一学期は週に三回は学校に行き、妹の連絡帳は一学期で全部埋まりそうだった。だから母はエナノートを作った。母、担任の先生、保健室の先生で情報を共有して書いて、一か月に一度、診察の時に病院の先生にそのノートを見てもらって、アドバイスを受ける。

病院の先生はもちろん、担任の先生や周りの人達も、母に
「お母さんはとてもよくやっています」

と言ってくれていた。でも、そこには想像を絶する母の苦労がある。私や姉には妹に何か出来る訳ではないので、ご飯を作ったり、洗たくをしたりして家の事を助ける。

障害にはたくさんの不便が伴うと思う。妹は目に見えない障害をもっているから、ただのワガママだとか、しつけがなっていないという大人の心ない言葉は嫌という程言われてきた。それに反論もせず今まできた。反論する位なら、妹に何が出来るのか考えたかった。

今、私は妹と一緒に学校に通っているけれど、あと一年で卒業し中学へ行く。私が支えていけるの

はあと一年だ。

妹はクラスのみんなと共存していけるのだろうか。みんな「まだ一年生だから」と言ってくれる。でも、いつになったら落ち着くのだろう。二年生？　高学年？　中学生になったら？　先はまだまだ見えない。

私は将来、妹を支えながら生活していこうと思っている。将来、発達障害を抱える子供達を診れる医者になり、自分がいろいろ悩んだ経験を本に書いて啓発していきたいと思っている。

永菜、大丈夫。だって私がいるから。

姉弟がいるから。

お母さんがいつも私達の側にいるから。

永菜、家族で共存していこう。私もなるべくイライラしないようにするからね。

母は周りの大人の人達にたくさんいろんな事を言われてきた。何かをしてほしいとは思わないけ

ど、何も望まないから悪口や陰口をコソコソと言わず何も言わないでほしかった。母につらくないのかと聞いたら、

「そんな事を考えてるひまはない。だったらあなた達の事を考える事の方が大事だよ」

と言った。

母のような大人にはなれないかもしれない。でも、私は母を見ているから、妹には優しさも、ダメな所はダメと言える、妹の自まん出来る姉でありたい。

健常者だって生きていくのに悩んだり、迷ったり、苦しんだりしているのに、障害をもつ人が、健常者より生きづらいのは確かだ。でも、きっと人一倍頑張っている。どう手を差し伸べればいいか、私達は分からない。その人によってもちがうと思う。でも、障害や人一倍大変なのだから、

「大変ですね。お手伝いしましょうか」

よりは
「いつも頑張っていますね。お手伝い出来る事があったらいつでも声をかけて下さい」

と言えたら、ちょっぴり寄り添ってあげられてるのかな、とも思う。

私にはまだ、出来ていない所もある。

担任の先生、保健室の先生、病院の先生、そして家族で支えていきたい。

障害者は害ではないので障がい、と表記するようになってきているが、私はあえて障害者、といつ

も表記する。
障害者は世の中の害ではない。だけど、その障害で、その人が生きづらさや、社会の中で苦しい思いをしているのなら、その障害は、その人にとってやはり
「害」
だと思う。
だから私はあえて障がい者を、
障害者
と表記している。

おわりに

カウンセリングや教育相談の基本は「受容と共感」と言われます。

悩みごとをカウンセラーに聴いてもらうだけで、問題が解決することもあるかもしれません。

しかし、特別支援教育についていうと、話を聞いてはもらうだけでは解決できないことが多くあるように思います。

私のところに相談にみえる保護者の皆さんの多くは、「○○してみたらどうですか?」「□□という選択枠もありますよ」といった具体的な助言の中で、新しい一歩を踏み出したいと考えられている方が多いと感じます。

さらに、「お母さんのやり方は正解です。続けていきましょう」という、背中を押す励ましも求めていらっしゃる方も多いように思います。

しかし、それができるのは、専門性が高く、かつ経験豊かな一部の専門家のみです。

微力ながら、本書の中で著者が知り得た知識と経験をフルに活かして、質問に対するアドバイスをさせていただきました。

本書が皆さんの新たな一歩の一助になればよいと思っています。

これからも全力で、皆さんの応援をしていきたいと思っています。

二〇二三年一月

山内康彦

ぼくは、小学3年生です。

小学校が大すきです。

大きくなったら、絵本作家に

なりたいです。

よろしくおねがいします。

たかざわ こうたろう

（イラスト）

KOUTAROU.NO.EFON

Instagram

山内康彦（やまうち・やすひこ）

1968年岐阜県生まれ。岐阜大学教育学部卒業。岐阜大学大学院教育学研究科修了。岐阜大学大学院地域科学研究科修了。岐阜県の教員を20年務めた後、教育委員会で教育課長補佐となり、就学指導委員会や放課後子ども教室等を担当。その後、学校心理士とガイダンスカウンセラーの資格を取得。現在は一般社団法人障がい児成長支援協会の代表理事を務めながら、学会発表や全国での講演活動を積極的に行なっている。中部学院大学非常勤講師。株式会社グロー・トラス取締役教育局長。明蓬館SNEC高等学校愛知・江南（グロー高等学院）顧問。元日本教育保健学会理事。著書に『「特別支援教育」って何？』『特別支援が必要な子どもの進路の話』『特別支援が必要な子どもの高等学校進学の話』（共にWAVE出版）がある。

特別支援《とくべつしえん》が必要《ひつよう》な子《こ》どもの「就労《しゅうろう》」「進学《しんがく》」「進路《しんろ》」相談室《そうだんしつ》

特別支援教育《とくべつしえんきょういく》が専門《せんもん》の学校心理士《がっこうしんりし》が保護者《ほごしゃ》のお悩《なや》みをスッキリ解消《かいしょう》

2023年2月11日　第1版第1刷発行
2024年5月15日　　　　第5刷発行

著　　者　山内康彦
編集協力　近藤由美
イラスト　たかざわこうたろう
デザイン　幅雅臣
発 行 所　WAVE出版
〒102-0074 東京都千代田区九段南3-9-12
TEL 03-3261-3713 FAX 03-3261-3823
振替 00100-7-366376
E-mail info@wave-publishers.co.jp
http://www.wave-publishers.co.jp
印刷・製本　株式会社マツモト

©YAMAUCHI Yasuhiko 2023 Printed in Japan
落丁・乱丁本は送料小社負担にてお取り替えいたします。
本書の無断複写・複製・転載を禁じます。

NDC378 240p 19cm
ISBN978-4-86621-445-0 C0037

グローバルキッズメソッドのご紹介

2014年7月1日に放課後等デイサービス1号店となる「グローバルキッズメソッド岩曽店」（栃木県宇都宮市）をオープン。施設設立の志に賛同して、著者・山内康彦が社長付顧問に就任。「質の高い“ヒト”“モノ”“コト”」の三拍子がそろったお勧めの施設です。現在は、特別支援が必要な子どもたちの一生を支える様々な事業（児童発達支援や相談支援、就労支援、グループホームなど）も手がけ、栃木県を中心に北関東エリアで店舗を増やしています。

名　　称	ハッピーライフ株式会社
住　　所	東京都千代田区東神田2-10-9
設　　立	2014年3月13日
資 本 金	5000万円
代表取締役	吉村益樹
関連会社	ハッピーホールディングス株式会社 アリアケア株式会社 グローバルファーム合同会社